María Isabel Gea Ortigas

CURIOSIDADES Y ANECDOTAS DE MADRID

4

Madrid de Bolsillo
EDICIONES LA LIBRERIA

C/ Santiago, 12
28013 MADRID
Telf.: 541 71 70

Portada: Joaquín González.
Fotocomposición: Ángel Gallardo.
Impresión: EMSA, Artes Gráficas.
Encuadernación: Lido.
I.S.B.N.: 84-87290-53-1
Depósito legal: M-13676-1993

Impreso en España/Printed in Spain.

ORIENTACIÓN PREVIA

Este libro de *Curiosidades y anécdotas de Madrid* es el fruto de varios años de lecturas, anotaciones y conversaciones con personas —de mucha edad en su mayoría— que sin saberlo, han sido buenas fuentes de información. Aquí hay una selección de algunas de las notas que fui recopilando para satisfacer mi propia curiosidad. Algunas de ellas ya aparecieron en un libro anterior titulado *Casas, cosas y casos de Madrid,* otras son inéditas. Al final de algunas de ellas aparecerá el símbolo *, remito al lector a las últimas páginas del libro dedicadas, por orden alfabético, a ampliar datos, que por su extensión, no pongo en su lugar correspondiente para no hacer pesada la lectura. Por último, quiero expresar mi agradecimiento a todos los informantes que han colaborado en la aportación de datos por su desinteresada ayuda.

ORIGEN DEL NOMBRE DE CHAMARTÍN

¿Quién no se ha parado alguna vez a pensar cuál puede ser el origen del nombre del actual distrito de Chamartín? Para empezar, Chamartín toma el nombre del antiguo pueblo de Chamartín de la Rosa, perteneciente al partido judicial de Colmenar Viejo. Estaba situado en torno a la actual plaza del Duque de Pastrana, antigua plaza mayor del pueblo. Según una leyenda del siglo XVIII en dicho pueblo hubo una venta, en la que se reunían sus moradores y que en un principio, parece ser que no tenía nombre. Cierto día, mientras varios hombres jugaban a las cartas, uno de ellos, reclamando vino, levantó el vaso hacia el ventero exclamando «Echa Martín...», añadiendo otro «...de la Rosa», aludiendo al parecer al nombre de la esposa del ventero. De esta forma, los allí reunidos decidieron bautizar su pueblo como Chamartín de la Rosa.

Otra leyenda más antigua cuenta que durante la ocupación musulmana, varios pueblos, tras ser reconquistados a los árabes, fueron repoblados por orden de Alfonso X el Sabio, siendo uno de ellos este de Chamartín, habitado, según se cuenta, por una familia de apellido Martín. Hay quien dice que el prefijo Cha, así como Chao o Chan pudieran significar aldea pequeña o aldea poco poblada, de ahí que Chamartín podría significar aldea pequeña de Martín.

Pero aún hay más. Continuando con la reconquista, los franceses colaboraron ayudando a las tropas cristianas y existe una leyenda ¡cómo no! en torno a este hecho. Al parecer, un soldado francés, de nombre Martín, se quedó a vivir en este lugar, adquiriendo para ello una casa. Así, de Chez Martín, o sea Casa de Martín, quedó castellanizado Chamartín, sirviendo este nombre para denominar con el tiempo al pueblo. En algún lugar leí esta misma leyenda aplicada a un soldado de las tropas napoleónicas que al finalizar la guerra de la Independencia, se quedó a vivir aquí. Y por último, también se dice que a finales del siglo XIX se le añadió el término «de la Rosa», para diferenciarlo de otro pueblo del mismo nombre de la provincia de Avila. Escojan ustedes la leyenda que prefieran* (ver Anexiones).

ORIGEN DEL NOMBRE DE TETUÁN

A poca distancia de Chamartín se encuentra Tetuán, antiguo barrio del pueblo de Chamartín, que debe su nombre a la ciudad africana del igual denominación. ¿Y qué tiene que ver una ciudad del norte de África con uno de los barrios más populares de Madrid? La explicación es bien sencilla. Cuando en 1860 llegaron las tropas españolas al mando del general O'Donnell a Madrid, entraron en la ciudad por la antigua carretera de Francia (Bravo Murillo), estableciendo sus tiendas de campaña en este lugar, al que denominaron Tetuán de las Victorias en recuerdo de la victoria obtenida en dicha ciudad africana. Poco a poco, las edificaciones fueron apareciendo formando un poblado cuya calle principal se llamó O'Donnell en memoria del general victorioso. Hoy la calle recibe el nombre de Bravo Murillo porque así se llamaba el primer tramo comprendido entre la glorieta de Quevedo y Estrecho, siendo O'Donnell su continuación.

El rastrillo de Tetuán

Y seguimos en Tetuán. El famoso «rastrillo de Tetuán», hermano menor del Rastro, surgió con los primeros comerciantes que se instalaron en la zona para abastecer a las tropas del general O'Donnell. Se situaban todos los días en la calle Bravo Murillo, hasta que, en 1929, fueron trasladados definitivamente a la calle del Marqués de Viana. Cuando en 1946 se construyó el mercado de Nuestra Señora de las Victorias, el mercadillo de frutas y verduras perdió interés y su carácter diario, convirtiéndose en una actividad dominical y destinado a la venta de objetos de segunda mano y chatarra.

Origen del nombre de Vallecas

En el extremo opuesto de Tetuán está Vallecas, también antiguo pueblo de Madrid, que cuenta a su vez con su propia leyenda. Según la tradición, durante la ocupación árabe, un musulmán llamado Kas, compró todos los terrenos donde actualmente se asienta lo que hoy se conoce por Vallecas Villa y que entonces formaba un extenso valle. Esta zona comenzó a ser conocida por el valle del Kas, derivando con el tiempo en Vallecas.

Fernández de los Ríos no está muy de acuerdo con esta teoría y afirma que el nombre procede de Vallis Egas, que así se llamaba un hombre que vivía en el valle y era propietario de una alquería. Dicha alquería (conjunto de casas o población pequeña) constituyó la primitiva población de Vallecas. En la actualidad, un periódico local de la zona titulado *El Valle de Kas*, recuerda aquel supuesto musulmán, primer habitante de Vallecas* (ver Anexiones).

Origen del nombre de Moratalaz

Moratalaz es un barrio de reciente creación, pues comenzó su construcción en los años sesenta. Lejos queda aquella antigua dehesa de Moratalá, propiedad de don Esteban Hernández, donde existió una pradera a la que solía ir el rey Alfonso XIII a jugar al polo. Pradera y dehesa desaparecieron bajo las moles de grandes bloques de viviendas. En cuanto al nombre de Moratalaz, procede de una aldea de igual nombre (hoy caserío), perteneciente a Illescas (Toledo) que era la capital del conjunto de tierras que llegaba hasta el actual barrio de Moratalaz, y que entonces recibía el nombre de Encomienda de Moratalaz.

El «tren de la fresa»

El rescatado «tren de la fresa» con fines turísticos, fue la primera línea ferroviaria de Madrid. Promovido por el marqués de Salamanca, unía Madrid y Aranjuez y se llamó popularmente el «tren de la fresa» porque traía estas famosas frutas de Aranjuez hasta Madrid.

Hoy, los turistas que suben a este tren son obsequiados con las fresas de dicha localidad. El 9 de febrero de 1851 fue un gran día para la Villa y Corte, se inauguraba el primer tren de Madrid. La reina Isabel II fue la encargada de hacerlo, subiendo al tren que llegó hasta Aranjuez ¡Qué emocionante debió ser subir por primera vez a semejante invento de transporte! La nota característica de este acto fue que los últimos cien metros de raíles hasta llegar a la puerta del palacio de Aranjuez eran de plata, en honor de la reina. Al día siguiente fueron sustituidos por otros de hierro.

Este tren funcionaba cinco veces al día y tenía cuatro clases. En esta última, los pasajeros iban de pie, permitiéndoseles llevar un bulto sobre la cabeza, con la condición de que dicho bulto no molestase a los demás por su tamaño u olor. Clausurada la línea en 1929, volvió a funcionar a partir de julio de 1984 tan sólo con fines turísticos, gracias al Ayuntamiento de Aranjuez. La locomotora actual es un réplica de la de vapor de entonces en versión eléctrica.

CASCORRO

¿Por qué la plaza de Cascorro se llama así y está presidida por la estatua de Eloy Gonzalo? Son muchos los que creen que la estatua es Cascorro y no es así. Cascorro era un pueblecito cubano, donde luchó el valeroso soldado Eloy Gonzalo en la guerra de independencia de la isla. El soldado, en un acto heroico, prendió fuego a las casas de este pueblo para impedir que el enemigo se refugiase en ellas. Se ató una cuerda a la cintura para poder ser tirado de ella en caso de caer herido, como efectivamente ocurrió. Consiguió ser rescatado y salir con vida gracias a la cuerda, pero murió a los pocos meses a consecuencia de las heridas.

Sobre la estatua de Eloy Gonzalo había un dicho popular que decía: «Nadie entre en el Rastro / sin saludar a Eloy Gonzalo, / pues la descortesía le costará al descortés / salir del Rastro con las manos vacías. / Porque Eloy... ¡Es mucho Eloy!».

LA CASA DE LAS CINCO TEJAS Y LA CASA DE CALDERÓN DE LA BARCA

¿Es posible imaginar una casa con tan sólo cinco tejas? No, no es que el resto de las tejas se hubieran caído, sino que el tejado no daba para más, lo que da una idea del tamaño de la casa. La llamaban popularmente la «casa de las cinco tejas» y estuvo situada en la calle de Santa Ana. Lástima que fuera derribada en 1851.

De todas formas, para hacernos una idea de lo que es una casa estrecha, sugiero acercarse hasta el número 61 de la calle Mayor y opinen. Tan estrecha es la casa, que tan sólo hay espacio para un minúsculo portal y una ventana por cada uno de los cuatro pisos de que consta. Una placa recuerda que aquí vivió y murió el escritor Calderón de la Barca. Si hasta hoy la casa se mantiene en pie hay que agradecérselo al gran escritor y cronista don Ramón de Mesonero Romanos. Cierto día en que unos obreros, piqueta en mano, procedían a la demolición de dicha casa —parte de nuestro patrimonio cultural—, don Ramón se personó en el lugar, enfrentándose a los obreros, verbalmente primero y a bastonazos al final. Tales dotes de persuasión les hicieron huir sin derribarla.

ORIGEN DEL NOMBRE DE PACÍFICO

El barrio de Pacífico no fue bautizado así por ser un lugar tranquilo, que no dudo que lo sea. Cuando fue creado a mediados del siglo pasado, se le bautizó Pacífico —con mayúscula— en recuerdo de todas las empresas llevadas a cabo en el Pacífico por la Armada Española. Su calle principal, la que atraviesa el barrio, recibió el mismo nombre, aunque hoy es conocida por avenida de la Ciudad de Barcelona.

EL MOTÍN DE ESQUILACHE

La madrileña plaza de Antón Martín se hizo famosa porque en ella tuvo lugar un motín no menos famoso: el llamado motín de Esquilache. Esquilache fue uno de los ministros de Carlos III que tuvo la feliz ocurrencia de ordenar sustituir la capa larga y el sombrero redondo por la capa corta y el sombrero de tres picos, cosa que no sentó nada bien a los moradores de esta Villa y Corte. Con esta medida (el ministro, que si ya de por sí era impopular, aumentó más su impopularidad) se pretendía corregir de alguna forma los crímenes nocturnos. El 23 de marzo de 1766, día en que empezaba a regir la orden, parece ser que en la plazuela de Antón Martín se rebelaron unos cuantos. Todo empezó cuando a primeras horas de la tarde, se pasearon algunos hombres con las prendas prohibidas frente a un cuartel que allí había, provocando a los soldados. Uno de éstos intentó cortar la capa de uno de los rebeldes, lo que provocó que tanto el hombre de la capa como los demás se alzaran contra los soldados. Al mismo tiempo, un grupo de exaltados asaltó la residencia de Esquilache, la famosa

Casa de las Siete Chimeneas, hoy Ministerio de Cultura. Cuando el ministro fue sustituido posteriormente por el conde de Aranda, éste, sutilmente, consiguió que se cumpliera la orden, decretando que el chambergo y la capa larga lo usaran los verdugos y sus ayudantes. En esta ocasión, los madrileños obedecieron pacíficamente y, a partir de entonces, comenzaron a usar la capa corta y el sombrero de tres picos.

La imprenta del Quijote

Muy cerca de Antón Martín, en la misma calle de Atocha hay un edificio prácticamente desconocido para la mayoría de los madrileños. Allá por el siglo XVII albergó la famosa imprenta de Juan de la Cuesta, en cuyos talleres se imprimió la primera edición del Quijote. Una placa conmemora tan importante hecho. El edificio fue restaurado para llevar a cabo un proyecto que data nada menos que de 1968, año en el que el entonces alcalde de Madrid, Arias Navarro, propuso la idea de destinarlo a museo cervantino. Más vale tarde que nunca. En un futuro, el edificio contará entre otras cosas con un teatro para 300 espectadores y un centro de actividades culturales.

Los famosos cuentos de Calleja

«Eso es un cuento de Calleja» fue una frase muy popular hace unos cuantos años. Tiene su origen en la desaparecida editorial de Saturnino Calleja que estuvo situada en el número 28 de la calle Valencia. Fundada en 1876, se especializó en libros escolares, religiosos y pedagógicos, pero se hizo famosa sobre todo por sus colecciones de cuentos infantiles, los popularmente llamados «cuentos de Calleja».

Las columnas de la M-30

Como sobre el papel es muy fácil recorrer Madrid de punta a punta, vayamos al otro extremo de Madrid, concretamente a la M-30. ¿Sabe alguien qué son o para qué sirven las famosas columnas, de estilo jónico por cierto, situadas cerca del enlace de la M-30 sur con la M-30 este? No son más que unos respiraderos de los colectores del río Manzanares disimulados de forma artística.

El matadero municipal

Muy cerca de estas columnas está el antiguo matadero municipal, enorme edificio que se construyó en unos terrenos que no eran suficientemente aptos para semejante tamaño y peso. Para colmo, el matadero estaba concebido para que por su segunda planta circulasen camiones de hasta seis toneladas de peso en operaciones de carga y descarga. El problema se pudo salvar haciendo que el edificio «flotase» sobre el terreno, es decir, se apoyase, sin profundizar demasiado, sobre grandes losas de hormigón armado, imitando la función de las raquetas o esquíes que no se hunden en la nieve. De esta forma, los pilares se apoyaron en dichas losas, aguantando así todo el peso del edificio.

La fuente de Orcasitas

Un sistema de evangelización muy sorprendente fue el del cura párroco de Orcasitas, de quien se cuenta que, una vez instalada la primera fuente pública que abasteció esta barriada, se cuidó de que la llave de paso fuera colocada —adivinen dónde— nada menos que dentro de la parroquia. Cada vez que el reverendo padre no estaba conforme con el comportamiento de sus descarriadas ovejas, cortaba el agua, así de sencillo. Una manera muy curiosa de guiar a los feligreses por el buen camino.

La colonia San Fermín

Cercana a la carretera de Andalucía hay una colonia dedicada a San Fermín. Su nombre se debe al primer director que tuvo el Instituto Nacional de la Vivienda, el navarro Federico Mayo Gayarre, quien, en 1941, expropió y reconstruyó la colonia, de ahí que fueran bautizadas las calles con nombres de su tierra: avenida de San Fermín, calles de Elizondo, Oteiza, Estafeta, Lecumberri, etc.

Las leyendas del convento de las «carboneras»

Leyendas de conventos o conventos con leyendas, según se prefiera. En la recóndita plaza del Conde de Miranda hay un convento conocido por el de las «carboneras». Su verdadero nombre es convento del Corpus Cristi pero es más conocido popularmente por las «carboneras», porque, según una leyenda, en una carbonera fue hallado un cuadro de la Inmaculada, cuadro que se venera desde entonces en el recinto.

Una segunda leyenda gira en torno a Beatriz Ramírez de Mendoza, fundadora del convento quien, después de muerta, se dice que volvía cada noche para ocupar su lugar en el refectorio para rezar el rosario con las monjas. Leyendas aparte, este convento tenía una costumbre muy curiosa: cada vez que una monja moría, en el lugar donde ella comía se colocaba una calavera y un paño negro en vez de una servilleta. También se colocaban los platos que le correspondía comer, comida que se regalaba luego a un pobre que pasara por allí* (ver Convento del Corpus Cristi).

Formación del paseo de la Castellana

El paseo de la Castellana es relativamente moderno. Antiguamente fue un arroyo llamado Bajo Abroñigal o Castellana, el cual nacía en Chamartín y bajaba hasta Atocha desviándose al sureste para desaguar en al Alto Abroñigal (hoy M-30). Como en el siglo XVIII se cubrió parte del arroyo formando los paseos del Prado y Recoletos, a principios del XIX se cubrió el tramo que faltaba hasta los Nuevos Ministerios y en nuestro siglo se prolongó hasta el pueblo de Fuencarral. Las curvas que tiene este paseo desde Atocha hasta los Nuevos Ministerios se deben a que seguía el cauce del arroyo; en cambio, desde los Nuevos Ministerios hasta la Ciudad Sanitaria La Paz, discurre en línea recta porque se trazó sobre el plano desviándolo del cauce.

Algunos numeros sobre la Plaza Mayor

¿Se le ha ocurrido a alguien contar cuántos arcos tiene la Plaza Mayor? ¿cien? ¿ciento veinte?... Exactamente 114, incluidos los ocho que tiene de acceso. Pero aún hay más números. En la plaza hay 377 balcones, 76 buhardillas y 4 torres, y aunque parezca cuadrada, no lo es, pues mide 120 × 90 metros.

El Retiro

Uno de los parques más bonitos de Madrid sin duda es el Retiro, cuyo nombre completo era en su origen Real Sitio del Buen Retiro. ¿Y por qué Retiro? La historia se remonta a los reyes de la Casa de Austria, quienes tenían en el convento de los Jerónimos, junto a la iglesia, un «cuarto» donde se retiraban en Cuaresma, lutos y penitencias. También recibían en este «buen retiro» a altas personalidades que llegaban de fuera. Posteriormente, Felipe IV mandó construir, a mediados del siglo XVII, un palacio del que sólo quedan el actual museo del Ejército (antiguo Salón del Reino) y el Casón (antiguo Salón de Baile), ambos edificios fuera del recinto del parque en la actualidad.

El parque se construyó alrededor del palacio en terrenos adquiridos a distintos propietarios, entre ellos el conde duque de Olivares que, según se dice, tenía aquí una quinta de recreo donde se retiraba en su tiempo libre y que al morir su «favorita» doña Ana, regaló el terreno a Felipe IV. Por aquel entonces el parque tenía una extensión mucho mayor, pues llegaba hasta el paseo del Prado y Cibeles, terreno que luego fue expropiado para la construcción de los edificios de Correos, el Ministerio de Marina y la Bolsa* (ver Retiro).

CORREOS Y EL MINISTERIO DEL AIRE

El humor madrileño siempre está dispuesto a «rebautizar» lo ya bautizado. Me explico. Cuando comenzó la construcción del Palacio de Comunicaciones, en Cibeles, más conocido por Correos, popularmente recibió el nombre de «Nuestra Señora de las Comunicaciones», o también «Nuestra Señora de Correos». Pedro de Répide, gran cronista de Madrid, bautizó el edificio como «Nuestra Señora de la Posta». Otro edificio, el Cuartel General del Aire, antiguo Ministerio del Aire, también fue rebautizado pues la gente solía llamarlo el «Monasterio del Aire»* (ver Palacio de Comunicaciones y Cuartel General del Aire).

ORIGEN DEL NOMBRE DEL BARRIO DE LA GUINDALERA

Qué nombre tan bonito y curioso y para un barrio: la Guindalera. Situado entre la avenida de América y Francisco Silvela, el origen de este nombre se desconoce, pero nos queda el recurso de echar mano de la leyenda. Según ésta, a principios del siglo XIX, existían en estos terrenos unas huertas de guindos regados por el cercano arroyo del Abroñigal (hoy cubierto por la M-30), cuyo dueño, con el tiempo, fue conocido por «don Guindo». Este buen hombre vendía sus frutos para almíbares y compotas a los conventos de monjas. Nada se sabe de tales huertas y del bueno de don Guindo, pero esta leyenda constituye la única referencia sobre los terrenos donde se levantaría, a partir de 1874, el barrio.

Un elefante famoso

Pizarro fue, por supuesto, el famoso conquistador del Perú y así lo estudiaban los niños en el colegio. Pero en la mente de más de un niño de mediados del siglo XIX estaría presente también el otro Pizarro: un elefante de raza india y famoso residente del zoológico del Retiro. Según *La Ilustración de Madrid*, periódico del último tercio del siglo pasado, el elefante recibió el nombre del conquistador porque en América había otro que recorría el continente con el nombre de Cortés. El tal Cortés, al parecer, necesitaba un compañero y el que fue a formar pareja artística con él fue bautizado Pizarro, anunciándose el número de Cortés y Pizarro por toda América. A mediados del siglo pasado, Pizarro aterrizó en España fijando aquí su residencia, aunque de forma trashumante, pues recorría la península con un espectáculo en el cual luchaba contra toros y animales salvajes en las plazas de los pueblos, saliendo siempre victorioso para deleite de niños y mayores. Así fue como perdió uno de sus colmillos, al ir a embestir contra un toro en Valladolid y dando con él en el suelo.

Después de varios años recorriendo España, el 4 de octubre de 1863, el Ayuntamiento de Madrid, ofreció al cansado elefante, asilo en el zoológico del parque del Retiro, desde donde protagonizó una hazaña memorable que fue recordada por años. Cierto día, Pizarro sintió más hambre de lo habitual y no satisfecho con su ración habitual de comida, se escapó de la Casa de Fieras del Retiro yendo a saciar su apetito a una cercana tahona.

El dueño del negocio debió llevarse un buen susto al comprobar que entre sus clientes se encontraba un elefante, aunque las crónicas de la época nada dicen de esto. Una vez saciado su apetito, Pizarro se dejó conducir tranquilamente al Zoo por su cuidador. Cuando Pizarro, ya viejo, dejó este mundo, su cuerpo fue disecado y donado al Museo de Ciencias Naturales, donde se expone en la actualidad.

El diablo de Madrid

La ciudad de Madrid puede sentirse orgullosa de ser la única ciudad del mundo que ha dedicado un monumento nada menos que al diablo. Este monumento es obra del escultor madrileño Ricardo Bellver que, en 1881, obtuvo la primera medalla en la exposición de ese año. La original escultura se halla en el parque del Retiro, en la llamada glorieta del Ángel Caído.

Anécdota sobre el parque de las Avenidas

En el parque de las Avenidas se da una curiosa coincidencia: todas las calles están dedicadas a capitales mundiales, como propuso en 1961 el presidente de la compañía promotora. Hasta aquí, la cosa no tiene mayor interés, pero... ¡todos los nombres de las calles y plazas empiezan por b! Lean, lean: avenidas de Bruselas, Baviera, Brasilia, Bonn, calles de Berlín, Brístol, Berna, Bolonia, Bayona, Brescia, plazas de Basilea, Burdeos, Boston. Pero como en todo, hay una excepción: la plaza de Venecia, que según la opinión popular, debió ser un error ortográfico.

Origen del nombre de Ventas

La plaza de toros de las Ventas, el Puente de Ventas, el metro de Ventas..., todos estos nombres proceden de la antigua Venta del Espíritu Santo, que, sin ser la única de esta zona, era la más conocida y se hallaba cercana al arroyo del Abroñigal (cubierto por la M-30). A su vez, la venta tomaba el nombre de una cercana ermita dedicada al Espíritu Santo. Esta zona tardó bastante en urbanizarse. La cercanía del arroyo y los olores que éste despedía, frenaban la construcción de viviendas. Por este motivo, la calle Alcalá, entre la plaza de Manuel Becerra y la M-30, antiguo camino de Aragón, estaba llena de paradores, ventas y posadas. Todos estos establecimientos servían de diversión a soldados, estudiantes y chulapos, que eran quienes frecuentaban el lugar.

El equilibrio de un caballo

¿Se han fijado en el buen equilibrio que mantiene el caballo de Felipe IV? Me refiero por supuesto al monumento situado en la plaza de Oriente. Si no es por Galileo, el caballo seguramente estaría parado sobre las cuatro patas, o como mucho, tendría una pata levantada. Los diseñadores españoles no sabían cómo lograr que el caballo mantuviera el equilibrio sobre las patas traseras. Por ello, recurrieron a Galileo, quien propuso que la parte delantera se hiciera hueca y la trasera maciza, consiguiendo así que el caballo realizara semejante corbeta, tal como lo vemos hoy.

LAS ESTATUAS DE LA PLAZA DE ORIENTE

Las estatuas que están en la plaza de Oriente, fueron realizadas con el fin de adornar la parte superior del Palacio Real, pero su enorme peso impidió que fueran subidas, ante el temor de un posible hundimiento del edificio. Otro motivo o causa, que más bien parece una leyenda, fue que la reina Isabel de Farnesio, segunda esposa de Felipe V, al parecer soñó que las estatuas caían sobre ella a consecuencia de un terremoto. Por orden suya las estatuas fueron colocadas en distintos lugares de Madrid: la plaza de Oriente, el Retiro, la glorieta de las Pirámides y el Museo del Ejército. La opinión de Fernández de los Ríos en 1876 sobre dichas estatuas no tiene desperdicio: «representan los personajes en posturas que por lo violentas rayan en ridículas y los caracterizan tan mal en traje y fisonomía, que si los letreros que cada uno tiene al pie acabaran de borrarse, el encargado de bautizar de nuevo aquellos cantos fácilmente podría salir del apuro» y tuvo razón en parte, porque las que se hallan repartidas por el Retiro tienen el nombre prácticamente ilegibles y no hay modo de saber quién es quién. Por cierto, ¿sabían que por las noches, las estatuas de la plaza de Oriente bajan de sus pedestales para jugar a la pelota? Eso dicen por ahí.

LA PRINCESA QUE VIVÍA FRENTE A PALACIO

A pocas personas, salvo las que están muy puestas en historia, les sonará el nombre de Ana de Mendoza, en cambio, ¿quién no ha oído hablar de la princesa de Éboli? Doña Ana de Mendoza, princesa de Éboli, famosa entre otras cosas por su singular belleza y su parche para cubrir el ojo tuerto, vivió en una casa situada frente al antiguo Alcázar, residencia del rey, con quien mantenía amores secretos. Felipe II no tenía más que cruzar la calle para encontrarse secretamente con la princesa de Éboli, su amante y amante a su vez de Antonio Pérez, secretario del rey. La casa fue derribada y en su lugar se levantaron los jardines que hay frente a la plaza de la Armería. Pero aunque la casa haya desaparecido, aún perdura en la historia matritense los amores de esta princesa bella y tuerta o tuerta y bella, según se prefiera.

Origen del nombre de la calle del Arenal

La calle del Arenal es una de las pocas que siempre ha mantenido el mismo nombre. Mucho antes de que fuera calle, no era más que un cauce arenoso, por donde bajaban las arenas en tiempo seco y el barro en época de lluvias, procedentes de puntos más altos como las plazas de San Martín y Santo Domingo, así como la calle y la Plaza Mayor a través de regueros laterales que posteriormente formarían las calles de San Martín, Hileras, Donados, la plaza del Celenque y la costanilla de los Angeles por la derecha, y travesía del Arenal, pasadizo de San Ginés, Bordadores y Fuentes por la izquierda.

Cotilleo en la Villa y Corte

La primera agencia de noticias chismosas y de cotilleo sin duda fue la que popularmente se denominó como «las gradas de San Felipe». Éstas, no eran más que las escaleras de acceso al convento de San Felipe el Real, situado en la calle Mayor esquina a Esparteros y Correo. Como el desnivel del terreno era muy grande, el convento fue construido en las calles Mayor y Correo sobre una lonja que muy pronto fue conocida por las «gradas de San Felipe». El que quisiera enterarse de algo, no tenía más que acercarse a este lugar, porque estas gradas constituían el principal de los «mentideros» o lugares donde se difundían las noticias con mayor rapidez, incluso antes de producirse.

Los mentideros eran verdaderos mercados de rumores, lugares donde la gente se reunía a cotillear. En la época de los Austrias, además de las «gradas» existían otros «mentideros» con nombres tan curiosos como las «losas del Alcázar» y el «mentidero de los Cómicos» en la calle León* (ver Convento de San Felipe el Real).

La Plaza Mayor y sus numerosos nombres

Si antes dije que la calle Arenal no ha cambiado nunca de nombre, la Plaza Mayor no puede decir los mismo. Los diferentes nombres que ha ostentado reflejan los distintos gobiernos sucedidos en España. Empezó llamándose plaza del Arrabal, por encontrarse fuera del recinto amurallado. En 1812 pasó a denominarse plaza de la Constitución. Tres años después, plaza Real, para volver a llamarse plaza de la Constitución en 1820. Tres años más tarde se llamó de nuevo plaza Real, durando con este nombre hasta 1833 en que volvió a llamarse por tercera vez plaza de la Constitución. Durante cuarenta años conservó este nombre hasta que en 1873 fue proclamada la I República, y así la plaza, sin perder la costumbre de cambiar de nombre, fue bautizada como plaza de la República. Dos meses más tarde le fue añadido el apelativo de Federal, llamándose plaza de la República Federal hasta la restauración borbónica en 1874, en que de nuevo se llamó plaza de la Constitución. Popularmente siempre ha sido la Plaza Mayor, nombre que data de 1532 y que mantiene en la actualidad. ¡Seis nombres en diez ocasiones!, son muchos para una plaza que aunque ya no sea la mayor en dimensiones, lo es en tradición y antigüedad* (ver Plaza Mayor).

Los viaductos

Saliendo de la catedral de la Almudena y caminando por la calle de Bailén, llegamos a un enorme desnivel salvado por un moderno viaducto. Este viaducto, inaugurado en 1942, es el segundo pues sustituyó al que fue construido en 1874. Antes de este año, para cruzar de un lado a otro había que bajar por las cuestas de la Vega y de los Ciegos, con el consiguiente peligro que esto suponía por lo escarpadas que eran, camino que gracias al viaducto resultó más corto y más cómodo. Para su construcción tuvieron que ser derribados varios edificios que entorpecían el paso, entre ellos la iglesia de Santa María, la casa del marqués de Malpica y el palacio del Infantado, que quedó dividido en dos edificios, destinando uno de ellos a un grupo escolar y el otro a Laboratorio Municipal. Este primer viaducto fue inaugurado solemnemente con el traslado de los restos de Calderón de la Barca desde la iglesia de San Francisco el Grande, donde estaban depositados, al ya desaparecido cementerio de San Nicolás, en la calle Méndez

Álvaro. Con el tiempo, los traslados y los derribos, los restos de Calderón de la Barca terminaron perdiéndose junto con los de Velázquez, Lope de Vega, Cervantes... pero esto es anécdota —triste anécdota— aparte.

MÁS SOBRE LA PLAZA MAYOR

Aunque se dice que el aparcamiento de la Plaza Mayor está provocando el hundimiento de la misma, lo cierto es que la plaza siempre ha estado hueca, aunque no con tantos sótanos como en la actualidad. El aparcamiento, construido en 1969, ocupa lo que antiguamente fueron los aljibes donde se almacenaba el agua para apagar los incendios, que, curiosamente, se encontraban vacíos cada vez que se producía un siniestro en la plaza. Prueba de ello es que la plaza se incendió unas cuantas veces, teniendo que ser reconstruida otras tantas.

TORNEOS MEDIEVALES

Los torneos en el Madrid medieval se celebraban en lo que hoy es el parque de Atenas, cuando entonces no tenía ni remoto parecido con el actual parque y era conocido como el Campo de la Tela de Justar. Aquí se llevaban a cabo los torneos de la Corte con los grandes caballeros de la época. Costumbre anticuada y olvidada, el campo se convirtió en 1971 en un bonito parque que tomó el nombre de Atenas correspondiendo a Grecia que bautizó una de sus plazas con el nombre de Madrid.

Breve historia de un resto de muralla

Madrid, para desconocimiento de muchos, fue una ciudad amurallada. A lo largo de los últimos siglos, ha habido un escaso interés por conservar los pocos restos existentes de una muralla que data de tiempos de los árabes, muchos de los cuales, fueron utilizados para nuevas construcciones, entre ellas la catedral de San Isidro. Del tramo de muralla visible que hay en la cuesta de la Vega, construida alrededor del siglo IX, le faltan unos cuantos trozos, debido a la construcción de un garaje en el número 12 de la calle Bailén. Para empezar, cuando comenzaron las obras del mismo se derribó parte de la muralla, pero para colmo, a la entrada de las obras apareció un cartel que decía: «cascotes gratis», refiriéndose nada menos que a los trozos de pedernal de la muralla. En la actualidad se ha rescatado la reliquia, único vestigio árabe visitable, y se ha ajardinado el contorno de la muralla frente a la cuesta de la Vega. Además, han sido colocadas unas pasarelas metálicas sobre la muralla que facilitan la visión del interior de la misma y de los cimientos de las casas que había adosadas. Los jardines han sido bautizados con el nombre de Mohamed I, considerado como el fundador de Madrid* (ver Murallas).

Origen del nombre de la colonia del Viso

La colonia del Viso, qué nombre tan raro ¿verdad?, es una de las más bonitas y tranquilas de Madrid. Construida entre los años 30 y 40, debe su nombre, al parecer, a su situación elevada sobre una pequeña colina, pues se construyó en un viso natural del terreno, en una de las zonas más altas de Madrid. Arquitectónicamente, esta colonia constituye una de las obras cumbres del racionalismo madrileño y español.

ORIGEN DEL NOMBRE DE CANILLAS

Los condes de Canillas tenían una casa de campo donde residían cuando iban a cazar perdices. Alrededor de ella se levantaron otras más pequeñas destinadas a sus servidores y criados. Y así, poco a poco se fue formando lo que posteriormente sería el casco urbano de un pueblo que tomó el nombre de Canillas. Hay otra teoría que dice que el nombre procede de las canillas de los toneles de vino que se producían en el siglo XVIII. Hoy Canillas es un distrito de Madrid que, desgraciadamente, apenas conserva nada de lo que fueron sus señas de identidad. Sus fundadores, los condes de Canillas, están enterrados en la cripta de la iglesia de Santa Paula, parroquia de Canillas, pero en la actualidad las tumbas no pueden ser visitadas por estar bloqueada la entrada debido a las diversas obras de restauración* (ver Anexiones).

ORIGEN DEL NOMBRE DE LA RED DE SAN LUIS

¿Qué es la Red de San Luis? ¿Una calle? ¿Una plaza? En realidad ni una cosa ni otra, simplemente la confluencia entre las calles Hortaleza, Fuencarral, Montera y Gran Vía. Antiguamente se establecía aquí un mercado de venta de pan delimitado por unas cuerdas. Este pan venía de los pueblos de alrededor y era protegido con unas redes para evitar que fuera robado. Por otro lado, el nombre de San Luis procede de la desaparecida iglesia de San Luis Obispo, situada en la calle Montera. Con el tiempo el lugar tomó el nombre de Red de San Luis.

Normas para entrar en el Retiro

Hasta el año 1868, el parque del Retiro estuvo acotado al público por ser propiedad real. Desde su creación perteneció a la familia real estando prohibida la entrada al pueblo de Madrid. En 1767 se permitió por primera vez que el público pudiera pasear por algunas zonas del parque, cumpliendo, eso sí, ciertas condiciones que fueron publicadas en un *Aviso al público*. Aunque las normas hoy nos resulten cómicas, hay que trasladarse a mediados del siglo XVIII y comprender la mentalidad de entonces. Los hombres podían entrar en el recinto siempre que fueran «peinados, sin gorro, red, montera, no cosa que desdiga del traje decente que se usa; por consecuencia, sin casaca y chupa, sin jaquetilla, ni capa ni gabán». Las mujeres también tenían que cumplir una serie de requisitos, no se vayan a creer que iban a ser menos. «Al entrar, tenían que guardar el manto, pues a la que se la viese en el hombro o en la cintura se le quitará por los Guardas Reales del Sitio, sin que sirva de disculpa el ambiente u otra razón».

Como dije anteriormente, no fue hasta 1868 cuando el parque pasó a ser público denominándose momentáneamente Parque de Madrid, para que quedara bien claro que pertenecía a los ciudadanos. Como con la revolución de 1868 y el destronamiento de Isabel II fueron cambiados todos los nombres de las calles alusivos a la familia real, esto incluyó el Retiro que con la restauración borbónica recuperó su nombre de Parque del Retiro.

EL VIPS DE ORTEGA Y GASSET

El Edificio Beatriz, situado en Velázquez esquina a la popular y eterna calle de Lista (desde hace muchos años José Ortega y Gasset), y conocido sobre todo por el Vips (que ocupa uno de los locales), se llama Beatriz en recuerdo de Beatriz Galindo. Y ustedes se preguntarán qué pinta esta buena mujer en esto. Doña Beatriz, conocida por *La Latina* por sus amplios conocimientos de latín, fue maestra y consejera de Isabel la Católica. Fundó el convento de la Concepción Jerónima en la calle del mismo nombre, sin prever, por supuesto, que el convento sería trasladado de lugar dos veces: la primera en 1890 al lugar que hoy ocupa el edificio Beatriz y la segunda, en 1965 a El Goloso, fuera de Madrid.

UN PERRO MUY POPULAR

Paco era un perro de raza indefinida, de color negro y áspero, que se hizo famoso entre 1881 y 1882. Entró por primera vez en el Café Fornos cayéndole en gracia al marqués de Bogaraya quien le puso el nombre de Paco. Por las noches dormía en las cocheras situadas entonces en la calle Fuencarral. El perro se hizo querer por todos por su simpatía, colándose en cafés, teatros y restaurantes, siendo siempre bien recibido. Pero el día 21 de junio de 1882 fue un día muy triste para el perro y para los madrileños, pues tuvo la ocurrencia de asistir a los toros, y no conformándose con mirar desde la barrera, quiso participar, lanzándose al ruedo antes de que el torero matase al toro. El diestro trató de apartarle con la espada y sin querer, le hirió gravemente. A pesar de que Paco fue atendido por dos buenos veterinarios, murió a consecuencia de la herida. Sus conocidos se interesaron por el estado de Paco, llegando a darse partes sobre su evolución. Su muerte fue muy sentida entre aquellos que le conocían y comentadísima en la prensa durante varios días. Se dice que hasta el mismísimo Alfonso XII envió su sincero pésame al marqués. Paco fue disecado y expuesto en un pequeño museo taurino que hubo en la calle Alcalá esquina a la de la Fuente del Berro. Cuando el museo, que estaba presidido por un retrato de este famoso perro, cerró en 1889, su dueño decidió entonces enterrar a Paco en el Retiro. Paco fue un perro callejero que formó parte de la vida madrileña del último cuarto del siglo XIX.

ARAPILES Y GAZTAMBIDE

Los barrios de Arapiles y Gaztambide se levantaron en terrenos de antiguos cementerios. Para su construcción se tuvieron en cuenta, al igual que en el barrio de Salamanca, la dirección de los vientos reinantes y la de los rayos solares. Según el proyecto, los edificios debían de estar situados de manera que la superficie viaria recibiera el sol por los menos dos horas diarias.

CEMENTERIOS

El gran espacio residencial comprendido entre las calles San Francisco de Sales, Bravo Murillo, Rodríguez

San Pedro y Guzmán el Bueno fue el lugar elegido en el siglo pasado para situar un total de cuatro cementerios. La historia se remonta a 1809, año en que José Bonaparte prohibió que se siguieran realizando enterramientos junto a las iglesias, medida que no había conseguido llevarla a la práctica Carlos III aunque lo intentó. Con esto se intentaba evitar la propagación de epidemias. Se eligió entonces la zona norte de Madrid, extramuros, para la construcción de los nuevos cementerios construyéndose ese mismo año el Cementerio General del Norte a lo largo de la calle Magallanes, entre las de Cercedilla y Rodríguez de San Pedro. En el actual complejo comercial de Arapiles se levantó, en 1831, la Sacramental de San Ginés y San Luis y, en 1849, se construyeron otros más, el de la Patriarcal, ocupado hoy por el Parque Móvil Ministerial (entre Bravo Murillo y Cea Bermúdez) y el de la Archicofradía de San Martín, situado en lo que hoy es el estadio Vallehermoso. Por cierto, el cementerio General del Norte, antes mencionado, fue el primero de España que, inspirándose en un cementerio de París y diseñado por Juan de Villanueva, utilizó por primera vez los nichos como nuevo sistema de enterramiento.

Todos ellos fueron clausurados a finales del siglo pasado y derribados durante el primer tercio del presente siglo, constituyendo toda esta zona una más de ensanche, destinada sobre todo a viviendas. Por un tiempo, la parte más norte de esta zona fue conocida por el «campo de las calaveras», debido a que cuando fueron derribados los cementerios, muchos de los restos no fueron retirados por sus familiares, quedando desperdigados por el lugar.

Un gran invento: el teléfono

Aunque el teléfono empezó a funcionar en Madrid en 1885, hay que decir que seis años antes, Alfonso XII ya había instalado el sistema telefónico con carácter privado, uniendo el Palacio Real con el del Pardo. Este nuevo sistema de comunicación se usó por primera vez a modo de ensayo el 1 de octubre de 1883, pero no es hasta 1885 cuando se inaugura el servicio de abonados con la Sociedad de Teléfonos de Madrid, que estuvo situada en el número 1 de la calle Mayor. Su instalación era todo un lujo porque costaba seiscientas pesetas anuales de las de entonces. Debido a su alto precio, el servicio de abonados contó el primer año con tan sólo cuarenta y nueve suscriptores, cifra que aumentó al año siguiente hasta trescientos cuarenta y seis debido a la reducción del precio a la mitad.

De la atalaya al Palacio Real, pasando por el Alcázar

El Palacio Real es un edificio relativamente moderno, pues data del siglo XVIII. Anteriormente hubo en el mismo sitio una fortaleza defensiva que los reyes utilizaron como residencia. Este lugar fue elegido primero por los árabes, quienes levantaron una atalaya para poder vigilar las tropas cristianas que se acercaban a Madrid. Posteriormente se construyó una fortaleza o castillo que, en la Nochebuena de 1734, desapareció por un incendio, debido a un descuido de los sirvientes, quienes no se dieron cuenta de que se habían prendido unas cortinas. El edificio fue destruido por completo perdiéndose obras de gran valor de pintores como Velázquez y Rubens.

En el Museo Municipal existe una maqueta que reproduce como era este gran edificio que contaba con quinientos aposentos, en uno de los cuales, tenía Velázquez su estudio, en la llamada «galería del cierzo», quien reprodujo parte de dicha galería en el cuadro de *Las Meninas.*

Cuentan que cuando llegó Felipe V a Madrid para habitarlo, era un enorme edificio privado de comodidades y con grandes corrientes de aire que se colaban por los marcos de las ventanas. Incluso había ventanas que no podían siquiera cerrarse, teniendo que ser sujetadas con cuerdas por las noches. ¡Pobre Felipe V!, acostumbrado a los majestuosos y cómodos palacios franceses. Es probable que le costara dormir por las noches en este palacio español —que dejaba bastante que desear como palacio—, pues eran constantes los portazos provocados por las corrientes de aire que se filtraban por los marcos de las ventanas. No es de extrañar que tras el incendio, respirara aliviado y ordenara de inmediato que se construyera un nuevo palacio en el mismo lugar, palacio que no llegó a habitar porque murió antes de verlo terminado.

Un último dato sobre el Alcázar. Según Fernández de los Ríos en su libro *El Futuro Madrid*, este edificio tenía como mote —los madrileños siempre tan dados a rebautizar— las cinco vocales del abecedario: A, E, I, O, U, que significaban en latín «Austria est Imperiare Orbi Universo»* (ver Alcázar).

LA PUERTA DE HIERRO

Así como las puertas de Alcalá y Toledo sirvieron para cerrar la ciudad durante la noche, la Puerta de

Hierro no tuvo el mismo cometido; esta puerta servía para cerrar el coto de caza real del monte del Pardo. Estuvo primeramente en la glorieta del Cardenal Cisneros y se trasladó posteriormente a su emplazamiento actual.

Un arco conmemorativo

El Arco de la Victoria es un monumento conmemorativo erigido después de finalizada la guerra civil. Pocos saben que el arco es además un pequeño archivo de la Ciudad Universitaria. Con casi cuarenta metros de altura, tiene ocho plantas en su interior, en la última de las cuales, situada en el centro de la parte superior, existe un salón donde se guardan los planos del propio arco y la maqueta de la Ciudad Universitaria, que mide veinticinco metros cuadrados. Se accede hasta aquí por medio de dos ascensores situados a cada lado del arco y que no funcionan por falta de electricidad. Desgraciadamente, todas las plantas han estado cerradas permanentemente, presentando en la actualidad un lamentable estado de abandono. Harían falta varios millones para poder acondicionar el interior y hacerlo visitable, pero la Universidad, de quien depende el monumento, no tiene dinero.

El Pinar del Rey

El Pinar del Rey es una colonia donde los pinos brillan por su ausencia, a pesar del nombre. ¿A qué rey se refiere? Recibió esta denominación en honor de Alfonso XIII, quien plantó el primer pino de lo que posteriormente sería un pinar. En la actualidad, los altos pinos han sido sustituidos por torres de viviendas, altas ellas también. Desaparecido el pinar, el nombre perdura hasta hoy, recordando lo que fue este lugar años atrás.

ORIGEN DEL NOMBRE DEL PASEO DE LA CASTELLANA

El paseo de la Castellana, desde la Ciudad Sanitaria La Paz hasta la plaza del Emperador Carlos V, mide ocho kilómetros cien metros, bajando en una suave pendiente desde 729 metros en la Paz hasta 627 de altitud en Atocha. Su nombre lo toma de una fuente llamada Castellana, que estuvo situada en la plaza de Emilio Castelar.

EL MANHATTAN MADRILEÑO

¿Qué significa Azca? Con estas siglas se denomina el primer gran centro cívico—comercial que ha tenido Madrid. Algo muy frecuente actualmente, pero que en la fecha de su construcción constituyó una auténtica innovación urbanística. El nombre significa Asociación Mixta de Compensación de la Manzana «A» de la Zona Comercial Avenida del Generalísimo, que abreviado queda en Asociación Zona Comercial A (Azca). El proyecto data de 1929 pero no se llevó a cabo hasta 1968 en que comenzó su construcción ocupando una extensión de 20 hectáreas. La idea se basaba en rescatar las calles para los peatones construyendo túneles subterráneos a distintos niveles destinados a la circulación automovilística, diferenciando así claramente, la zona peatonal de la circulatoria.

HISTORIA DEL RELOJ DE LA PUERTA DEL SOL

Aunque el actual reloj de la Puerta del Sol es obra del prestigioso relojero Losada, quien lo regaló en 1856, anteriormente hubo otro cuya historia explica el motivo de por qué se coronó con un reloj el antiguo edificio de la Dirección General de Seguridad, hoy sede de la Comunidad Autónoma de Madrid. Un periódico de Carabanchel Bajo titulado *Panoramas* relataba en 1929 la historia y que transcribo literalmente: «Cuando la plaza de la Puerta del Sol comenzaba en el siglo XVIII a dejar de ser estercolero, se ordenó en 1768 la construcción de un gran edificio para albergar los servicios de correos. Cuando se terminó de construir el edificio, nadie pensó coronarlo con el reloj de la bola. Pretenden algunos cronistas, que este reloj se colocó en 1774, a petición del pueblo que llevaban correspondencia. Pero esto no es cierto, el verdadero origen de dicho reloj es el siguiente: todos los días, los ciudadanos de Madrid debían de dar prueba de su fe rezando a las doce del mediodía un Ave María, para lo cual, el ciudadano debía detenerse en la marcha, descubrirse y rezar, pero esta demostración se fue debilitando, muchos de ellos se disculpaban de no haber oído las campanadas. Por ello, se instaló en lo alto del edificio de Correos y Postas dicho reloj, para que nadie pudiera alegar ignorancia. La inauguración del reloj fue un verdadero acontecimiento y aquel día, al sonar las doce, aseguran algunos cronistas de aquellos tiempos, aun cuando todos se descubrieron y guardaron religioso silencio, ninguno rezó el Ave María, porque todos quedaron con un palmo de boca abierta al ver descender la hermosa esfera, con acompañamiento de campanas».

Leyenda de la casa de la Cruz

Vamos con una leyenda, porque la Villa y Corte también las tiene. En la calle del Sacramento esquina a la del Rollo estuvo situada la llamada casa de la Cruz, cuya leyenda, una de las más antiguas, es también de las más románticas. En tiempos de los árabes, vivía en esta casa un matrimonio musulmán, cuya esposa, joven y bella como es de rigor en las leyendas, mantenía amores secretos con un caballero cristiano. Cierto día el caballero desapareció y nunca más se supo de él. Cuando el moro murió, su esposa desveló el secreto guardado celosamente por años: su marido la había sorprendido con su amante y furioso, mató al caballero, enterrándolo en el tejado de su casa. La joven enamorada, tras convertirse al cristianismo, mandó levantar una cruz de madera en el tejado, la cual, según se dice, hasta que fue derribada la casa, se reflejaba cada atardecer en la pared lateral de la casa de Cisneros, hoy unida al Ayuntamiento por medio de un pasadizo cubierto.

Casa Labra y el PSOE

Casa Labra, situada en la pequeña calle de Tetuán, es famosa tanto por sus riquísimas tapas de bacalao frito —especialidad de la casa— como por haber sido el lugar donde se fundó el Partido Socialista Obrero Español. El 2 de mayo de 1879, Pablo Iglesias junto con una serie de intelectuales liberales y cinco tipógrafos, fundaron dicho partido en el piso superior de esta famosa tasca. Una placa a la entrada recuerda este hecho.

LOS ILUSTRES INQUILINOS DEL CEMENTERIO CIVIL

Cuando Alfonso XI inauguró el Cementerio Civil en 1884 su «primer inquilino» fue una mujer llamada Maravillas Leal González. En este cementerio se encuentran además los restos de los cuatro presidentes de la Primera República: Figueras, Pi y Margall, Salmerón y Castelar, además de los de Bartolomé Cossío, Pío Baroja, Julián Sainz del Río, Blas de Otero, Francisco Giner de los Ríos, Pablo Iglesias, Arturo Soria, y más recientemente Francisco Largo Caballero, entre otros. Por cierto, la lápida de Maravillas Leal (que murió a los veinte años) fue restaurada por el Ayuntamiento al cumplirse el centenario de la apertura del cementerio.

LA PLAZA DE LA CEBADA: ESCENARIO DE EJECUCIONES

La plaza de la Cebada fue por un tiempo el lugar donde se llevaban a cabo las ejecuciones, que hasta comienzos del siglo XX eran públicas. El 7 de noviembre de 1824 fue ahorcado Rafael de Riego, quien en sus últimos momentos, no tuvo fuerzas suficientes para enfrentarse con la muerte, provocando un desagradable espectáculo de su abatimiento. Años más tarde, el 6 de noviembre de 1837, en este mismo lugar, fue ajusticiado el famoso bandolero Luis Candelas Cajigal.

LO QUE QUEDA DEL CERRO DEL PIMIENTO

Madrid, antes de convertirse en esta gigantesca metrópoli, tuvo muchos cerros, el de Almodóvar y el de la Plata, entre los más conocidos, aunque la mayoría de ellos han desaparecido. Uno de ellos, con nombre de lo más curioso, es el antiguo cerro del Pimiento, que estuvo situado en el espacio ocupado hoy por el barrio de Gaztambide. Lo único que queda de él es el montículo donde está ubicado el Colegio Mayor San Pablo, en la calle de Isaac Peral.

Un monumento de cartón y papel de plata

La plaza del Dos de Mayo, actualmente es famosa por ser el punto de encuentro de progres, pasotas, drogadictos y demás «tribus» urbanas. Aquí se levantó —a modo de monumento— lo que fue la puerta principal del palacio de Monteleón, lugar donde comenzó el alzamiento del 2 de mayo de 1808. En esta histórica fecha, los madrileños se levantaron contra las tropas francesas defendiendo el entonces cuartel con su vida. El palacio había sido construido en 1690 por los marqueses del Valle, duques de Monteleón y Terranova y nietos de Hernán Cortés. En 1908 se colocó el monumento histórico en homenaje a Daoiz y Velarde, que sustituyó a otro provisional que hubo fabricado con cartón. Este primer monumento debió de ser digno de ver. Ambos héroes llevaban casacas de color azul, espadas forradas con papel de plata y pantalones y chalecos blancos con vueltas de color rojo además de polainas negras. El pelo era de color rojo y estaban con los brazos en alto, en actitud heroica. Enmarcándoles había un arco pintado de rojo, simulando ladrillos. Meses más tarde, las esculturas, por efecto de las lluvias, empezaron a desteñirse y a deshacerse, ante la sorpresa de los madrileños. La explicación de todo era bien sencilla: el monumento de cartón había sido colocado para cumplir con la fecha de la inauguración, dado que aún no estaba terminado el definitivo de bronce.

EL CABALLO DE FELIPE III Y LOS GORRIONES

Si antes hablé de la estatua de Felipe IV, cuyo caballo realiza una difícil pirueta gracias a Galileo Galilei, el caballo de Felipe III también tiene su historia. Para ello, acerquémonos a la Plaza Mayor, cuyo centro se halla presido por el tercero de los Felipes a lomos de un caballo. Si se fijan bien, la boca del animal permanece cerrada, aunque originalmente estuviera abierta. ¿Y por qué ahora está cerrada? Muy sencillo, para salvar la vida de los gorriones. La abertura constituía una gran tentación para los gorriones que se posaban en la boca. Y no se sabe si por curiosidad, casualidad o simplemente resbalón, los pajarillos terminaban en el fondo del caballo, de donde no podían salir sin batir las alas. Más ¡ay!, el espacio era tan reducido que les era imposible volar. Y allí morían, uno tras otro, llenándose el vientre del caballo de huesecillos de infortunados gorriones, constituyendo un auténtico cementerio «gorrionil». Esto nunca se supo hasta que, al proclamarse la Segunda República, un «ingenioso» decidió celebrar el acontecimiento metiendo en el interior del caballo unos petardos. Entre los restos del conjunto escultórico aparecieron cientos de pequeños huesos que nada tenían que ver con el rey ni con su caballo. Cuando el monumento fue reconstruido, se cerró la boca del animal, evitando así que los gorriones pudieran fisgonear las interioridades del caballo.

La Huerta del Obispo

En el barrio de Tetuán existe aún una pequeña calle que recuerda la antigua Huerta del Obispo. Esta huerta abarcaba una extensión muy grande, llegando hasta Cuatro Caminos. Parte de ella la ocupa hoy el colegio de Nuestra Señora del Buen Consejo y el resto edificaciones de todo tipo. El dueño de este terreno era un obispo que aunque no se sabe quien fue, tenía una casa de labor en esta huerta con el nombre puesto en el arco de la entrada a la finca. Pasó la propiedad a un sacerdote y por último, muy reducido ya el terreno, pasó a los padres agustinos, actuales propietarios del colegio.

La cárcel de la Inquisición y el Tribunal del Santo Oficio

En la calle de la Cabeza esquina a la de Lavapiés, aún permanece en pie un edificio macabro, aunque hoy ya no lo sea. En él estuvo situada la llamada Cárcel Eclesiástica de la Corona o cárcel de la Inquisición. A pesar de que este edificio está sin catalogar, se calcula que debió construirse a finales del siglo XVIII. En tiempos de Benito Pérez Galdós, la cárcel se usaba como cocheras y cuadras ya que la Inquisición fue abolida definitivamente en 1820. Actualmente, una parte de los calabozos, cuyas rejas daban a la calle, se ha convertido en el Bar Lavapiés y otros son utilizados como almacén de maderas. Si las paredes pudieran hablar... Aunque el resto del edificio ofrece un aspecto deplorable, no ha sido obstáculo para que en él se rodaran algunas escenas de la serie televisiva, *Fortunata y Jacinta.*

La Inquisición tenía otros lugares además de esta

casa. En el número 4 de la calle Isabel la Católica estuvo el Tribunal del Santo Oficio y los condenados terminaban sus días en la Plaza Mayor primero, siendo posteriormente trasladadas las ejecuciones al espacio comprendido entre las calles Claudio Coello, Serrano, Conde de Aranda y Columela, a las afueras de la Puerta de Alcalá, hasta el año 1743 en que se inauguró en este lugar una plaza de toros. Por ello, el quemadero fue trasladado a la actual glorieta de Ruiz Jiménez, donde hoy se levantan unas casas militares con grandes plantas colgantes, antaño descampado extramuros.

Casas de baños

En Madrid hay tres casas de baños, situadas en Tetuán, Embajadores y Latina. Una cuarta, la de la Guindalera, fue transformada en casa de la cultura en 1982. Las dos primeras se construyeron entre 1920 y 1930 para paliar la falta de servicios higiénicos en las viviendas. La más antigua es la de Tetuán y la más moderna, construida en 1969, es la de La Latina, situada en los bajos del mercado de la Cebada. En todos ellos, por un módico precio todo, el que quiera puede darse una ducha.

Una iglesia desaparecida

¡Qué bonita era la iglesia del Buen Suceso situada en la calle Princesa! ¿Se acuerdan? Lamentablemente fue demolida en 1975 tras concederse la licencia municipal del nuevo edificio sustituto a una empresa privada, construyéndose en su lugar un enorme bloque de viviendas y oficinas de lujo, así como una nueva iglesia muy moderna. El tan curioso nombre del Buen Suceso procede de una imagen de la virgen que encontraron dos hermanos de la Congregación del Venerable Bernardino de Obregón en una cueva, bajo una enorme tempestad. El papa Paulo V la bendijo con el nombre de Buen Suceso, aludiendo al buen suceso ocurrido al encontrarla* (ver Iglesia-hospital del Buen Suceso).

Anécdota sobre la reforma de la Puerta del Sol

La Puerta del Sol ha sufrido varias reformas, la última y más reciente la concluida a finales de 1986, que dio mucho qué hablar con el tema de las llamadas farolas «supositorio». A mediados del siglo XIX, se realizó una gran reforma que supuso duplicar su superficie dándole forma de elipse, tal como la vemos hoy. Y sobre esta reforma hay una pequeña anécdota muy curiosa: el proyecto fue idea del duque de Quinto y quien la llevó a cabo fue el duque de Sesto, que no Sexto.

La estación de Delicias

La estación de trenes de Delicias fue inaugurada el 30 de marzo de 1880 y fue la primera de España que tuvo un carácter internacional, pues el viaje hasta Lisboa era directo, sin necesidad de hacer transbordo. En 1969 se suspendió el tráfico de viajeros siendo clausurada definitivamente dos años después. Desde entonces ha sido utilizada como depósito de material rodante de RENFE, hasta que, en 1984, se instaló en el viejo edificio el Museo del Ferrocarril. Es la única estación de Madrid que se conserva tal como fue construida en 1880.

SANTO ÉL, SANTA ELLA Y SANTO SU HIJO

Nuestro santo patrón, Isidro, nació en el número 1 de la calle del Águila y trabajó en la casa de Iván de Vargas, situada en el 1 de la calle del Doctor Letamendi. Se dice que su nombre completo era Isidro Merlo Quintana y estuvo casado con María de la Cabeza, santa ella también, y tuvieron un único hijo al que llamaron Illán o Millán, también santo. Es la única familia del santoral cuyos miembros son todos santos* (ver San Isidro).

MADRID Y VANNES SE DISPUTAN A SAN ISIDRO

Antes de terminar con San Isidro, ¿sabían que Francia afirma poseer la verdadera tumba de San Isidro? En la catedral de Vannes, situada en la Bretaña francesa, existe una imagen de este santo sobre una tumba que se afirma es la del patrono madrileño. ¡Increíble!

DESPACHO DE IDIOMAS Y TALENTOS

Me cuenta mi padre, que en sus años mozos, existía en el antiguo pueblo de Fuencarral, un establecimiento cuyo rótulo rezaba: «Despacho de idiomas y talentos», que indicaba que ahí se despachaban lenguas y sesos, siempre acompañados del buen vino que dio fama al pueblo.

EL SUR, UNA ZONA QUE ESTÁ DEJANDO DE SER DISCRIMINADA

Desde hace unos años, la zona norte de Madrid ha sido la privilegiada y la sur la discriminada y olvidada. En la zona norte se encuentran las universidades, la mayoría de los hospitales y el 80% de las grandes instalaciones recreativas, mientras que los cementerios, las cárceles y los vertederos están en el sur. Como muy bien canta Serrat en una de sus canciones, «El sur también existe» y de esto ha tomado conciencia el Ayuntamiento, dando preferencia precisamente a esta zona con la supresión del famoso escalextric de Atocha y recuperando así una gran plaza. Además, se ha instalado en esta zona el Museo del Ferrocarril en la antigua estación de Delicias y en 1986 fueron inaugurados el Centro de Arte Reina Sofía, en Atocha, y el Parque Enrique Tierno con el Planetario ubicado en él, quedando por realizar entre otros proyectos el llamado Parque Lineal del Manzanares así como un parque recreativo de agua junto al citado Parque Enrique Tierno.

EL NORTE, LA ANTIGUA ZONA DISCRIMINADA

Pero no se crean que esto ha sido así siempre. Si en la actualidad la zona norte de Madrid es la más cotizada y codiciada, no era así hace poco más de un siglo. Entonces, el norte era la peor zona de la ciudad. Hasta mediados del siglo pasado, el norte de Madrid —considerado como tal los actuales barrios de Gaztambide, Arapiles, Ríos Rosas y Vallehermoso— estaba ocupado por las instalaciones del Canal de Isabel II (Bravo Murillo), la Cárcel Modelo (hoy Cuartel General del Aire, en Moncloa), los cementerios General del Norte, Patriarcal, y San Ginés y San Luis (todos ellos en los barrios de Arapiles y Vallehermoso) y el de San Martín y San Ildefonso (en Ríos Rosas, donde hoy está uno de los depósitos del Canal de Isabel II). Esto provocaba que la gente fuera reacia a edificar en esta zona y por consiguiente, vivir aquí. Por este motivo, el proyecto de Ensanche de la ciudad preveía, para el barrio de Vallehermoso, la construcción de un asilo, dos casas de socorro, dos cuarteles, un matadero higiénico, una maternidad, dos institutos y cuatro cárceles. Como puede comprobarse hoy, nada de esto se llevó a cabo y desaparecieron tanto los cementerios como la cárcel, quedando tan sólo ocupados los terrenos del Canal de Isabel II.

El mayor mercado de Madrid

El mercado Maravillas recibe este nombre por haber sido construido en el solar que ocupó el convento y colegio de Nuestra Señora de las Maravillas, incendiado en 1931, junto con otros conventos de Madrid. El mercado fue construido en 1942. Con una extensión de 8.872 metros cuadrados es el mayor de los existentes en Madrid. El 6 de octubre de 1982 se inauguró en él el primer centro de información al consumidor, encargado de orientar y resolver cualquier problema al consumidor. Además, ofrece un boletín informativo gratuito a los clientes con las ofertas que existen en los distintos puestos así como los llamados productos de temporada.

Un paseo por el paseo de la Castellana

El paseo de la Castellana a finales del siglo pasado y comienzos del presente, era un tranquilo paseo con árboles y palacetes a ambos lados. Lamentablemente, estos palacetes han ido sucumbiendo ante la política especulativa del terreno dando paso a los grandes edificios característicos del último tercio de este siglo. Pero, soñemos por unos momentos y paseemos tranquilamente bajo la sombra de los numerosos árboles: el palacio de Montellano (hoy La Unión y el Fénix Español), el del marqués de Medinaceli (Edificio Colón), Motrico (La Caixa), marqués de Larios (Hotel Villamagna), Argüelles (Embajada Americana), duque de Arión (Banco Español de Crédito), marqués de Mudela (Bankinter), condes de San Bernardo (Edificio Pirámide), duque de Aliaga (Hotel Castellana), conde de Romanones (escultura de *La Sirena varada*), duque de Santa Elena (Embajada de Alemania)... Hoy quedan en pie entre otros los palacios de Linares (Casa de América), el del marqués de Salamanca (sede del Banco Hipotecario), Alcalá Galiano (Ministerio del Interior), Buenavista (Cuartel General del Ejército), marqués de Fontalba (Fiscalía del Estado), marqués de Villamejor (Ministerio de Administraciones Públicas), duques de Híjar (Embajada de Portugal), palacete de Edmundo Alcock (Castellana 45, cerrado)... que nos dan una ligera idea de lo que fue este bello paseo hace unos años.

Un paso a nivel antiguo

El paso a nivel con barreras tan característico del parque del Oeste que conduce a San Antonio de la

Florida ya ¡en julio de 1930 se pedía que fuera suprimido! por constituir un gran peligro. Y ahí sigue.

Torres mudéjares

Madrid cuenta con dos torres mudéjares pertenecientes a las primeras parroquias de aquel Madrid medieval de cristianos y árabes. Se trata de las de San Nicolás de los Servitas y de San Pedro el Viejo, construidas en los siglos XII y XIV respectivamente por artistas árabes bajo dominio cristiano. Las actuales iglesias pertenecen a siglos posteriores, no quedando nada de ellas salvo las citadas torres.

Parroquia de San Pedro el Viejo

A propósito de San Pedro el Viejo. Se llama así para diferenciarla de la nueva parroquia de San Pedro el Real (más conocida por iglesia de la Paloma), a donde se ha trasladado la parroquialidad siendo el Viejo sólo una filial. Esta iglesia de San Pedro el Viejo tiene varias leyendas, una de las cuales se refiere a su campana. Según cuenta la tradición, dado el gran tamaño de la misma, no podía ser subida hasta el campanario, a pesar de los esfuerzos de todos por conseguirlo. Por este motivo, tras varios intentos, inútiles todos, los hombres decidieron dejarla apoyada contra la pared hasta el día siguiente en que buscarían alguna otra forma de subirla. Sin embargo —prosigue la leyenda— a la mañana siguiente, apareció misteriosamente colocada en lo alto de la torre. Esto dio lugar a que se le atribuyera a la campana ciertos poderes para alejar las tempestades.

Se decía que cuando tañía, se oían voces en el aire que exclamaban: «Huyamos, que tocan las campanas de San Pedro». Esta campana permaneció hasta 1565 en que se quebró, construyéndose de ella dos más pequeñas* (ver Iglesia de San Pedro el Viejo).

El barrio más pequeño de Madrid

¿Se acuerdan del barrio de Pozas? era el barrio más pequeño de Madrid. Tenía forma de triángulo y estaba formado por tan sólo veintiuna casas repartidas en cinco manzanas. Contaba con dos calles (Solana y Hermosa), un pasaje (Valdecilla) y una diminuta plaza (Transmiera), con un árbol en el centro que alguien sugirió, fuera llamada plaza «menor» de Madrid.

Su situación hoy es envidiable, en el triángulo comprendido entre las calles Princesa, Alberto Aguilera y Serrano Jover, en pleno Argüelles, aunque cuando se construyó a mediados del siglo XIX estaba fuera de la ciudad. Fue levantado por Angel Pozas, quien dio nombre al barrio, así como a las calles, que fueron bautizadas con los nombres de los distintos pueblos de donde procedían él y algunos miembros de su familia.

Curioso barrio éste que, hasta el último día, conservó su aspecto tradicional a juicio de José Antonio Novais, que en un periódico municipal lo describió con bastante detalle: «Todas las casas del barrio tenían puertas de sólida madera, cerraduras de gruesa llave y un dintel de medio arco. El jambaje, de bloques de piedra cortada. De medio arco las ventanas y los balcones cuajados de macetas y flores. En el número 4 de la calle Hermosa vivía el escritor Lauro Olmo con su mujer Pilar, que amaba las flores y tenía buen gusto y mano para cuidar las plantas (...). Su balcón era el más hermoso y florido de Madrid».

Y ¿qué se puede decir de un barrio tan pequeño? Las casas tenían cuatro pisos y buhardillas y en los bajos estaban los comercios que abastecían a los habitantes del barrio. En la pequeña plaza se hallaba el mercado de Transmiera y en su primer piso la escuela, lo que creaba un ambiente muy peculiar en la parte interior del barrio: niños que acudían o salían de la escuela y amas de casa en su compra diaria. También tenía dos tabernas, una en el pasaje de Valdecilla, que era frecuentada por Benito Pérez Galdós, vecino de la calle Hilarión Eslava y que era conocida por la taberna de las «siete puertas», porque cinco de ellas daban a este pasaje y las otras dos a Alberto Aguilera. La segunda taberna estaba situada dos manzanas más abajo ¡qué distancia en un barrio tan pequeño!, y era conocida por la del «republicano», por la ideología de su dueño.

El barrio sucumbió ante la especulación y fue derribado en 1972. En su lugar se construyeron los dos grandes bloques de El Corte Inglés y del Hotel Plaza Princesa* (ver Barrio de Pozas).

Cita de amor en la plaza de San Javier

Esta diminuta y recóndita plaza esconde, además de un antiguo mesón de gran fama y del que hablaré en otro momento, una breve historia de amor. Se dice que en el número 3 vivía una noble dama que estaba enamorada nada menos que del llamado «bandolero de Madrid», Luis Candelas. Cada vez que éste iba a verla, acostumbraba a dejar dos trabuqueros a la entrada de la plazuela, para así evitar el paso de transeúntes y mantenerse seguro.

El transporte preferido de las mujeres

Los primeros transportes públicos fueron las sillas de mano y los coches, que dieron lugar a dos nuevas profesiones: los silleros —que portaban las sillas— y los cocheros o conductores. Las mujeres prefirieron el uso de las sillas a los coches, hasta tal punto que, en alguna época determinada, se llegó a prohibir su uso a los hombres. El horario del servicio era de siete de la mañana a doce de la noche. Las paradas de sillas de manos estaban en la Puerta del Sol, y en las plazas de Antón Martín, Santa Cruz y Cebada. En 1796 se dictó una Real Cédula sobre las sillas de manos que establecía, entre otras cosas, que los silleros fueran uniformados y que tuvieran moderación tanto en su forma de actuar como de hablar.

Venta de alimentos

Antiguamente, la venta de comestibles se realizaba al aire libre, en algunas plazuelas donde se colocaban puestos y donde la higiene brillaba por su ausencia. Normalmente, las plazuelas escogidas eran las del Rastro, Carmen, Humilladero, Cebada y San Miguel. El pescado sólo se vendía en la plaza de los Mostenses. Esta costumbre aún se mantiene, pues en la mayoría de estas plazas, los puestos han dejado paso a modernos mercados que garantizan una mayor limpieza e higiene en la venta de todo tipo de alimentos.

CINE AL AIRE LIBRE

Muchos aún recuerdan la terraza que el Cine Callao tenía en su azotea, donde se proyectaban películas al aire libre durante el verano. Las sesiones empezaban media hora más tarde que en la sala de proyección, para poder aprovechar las mismas cintas, cuyos rollos, una vez vistos en la sala de abajo, se subían a la terraza. Si alguna noche llovía, no había problema, los espectadores podían continuar la sesión en la sala de abajo. Aunque todavía se conserva la fachada de la pantalla en la terraza, hace muchos años que ya no se utiliza.

EL MOTOCINE QUE NO TUVO ÉXITO

Además de esta terraza al aire libre, existió a finales de los años 50 un «motocine», como los que vemos en las películas americanas, un cine donde no hacía falta bajarse del coche. Fue inaugurado en agosto de 1959 cerca de la autopista de Barajas. De influencia americana por su proximidad a la Base Aérea de Torrejón, era el segundo Drive-In europeo, como se llamaba en inglés, después del de Roma. Tenía capacidad para ochocientos coches y seiscientas motos, además de contar con una amplia tribuna para espectadores no motorizados. Disponía también de restaurante y cafetería que incluía el servicio dentro del coche. No tuvo éxito y al poco tiempo tuvo que cerrar debido a la escasa afluencia del público. Es de suponer que en aquellos años en que hizo furor el famoso «seiscientos», no fueran muchos todavía los que gozaran de coche propio.

LOS PRIMEROS HOTELES DE MADRID

¿Cuántos hoteles tiene Madrid en la actualidad? Unos ochocientos. Cifra desproporcionada comparada con hace poco más de cien años, concretamente 1868. Cuando España asumía el destronamiento de Isabel II, la ciudad no tenía ni un sólo hotel. Los primeros en construirse fueron el Madrid (Mayor 1), Embajadores (en la calle de la Victoria), Rusia (en la Carrera de San Jerónimo) y el París (en la Puerta del Sol). Claro que entonces existían posadas y la actual cifra de ochocientos incluye desde hoteles de gran lujo hasta las fondas y pensiones.

Se da el caso de que cuando Alfonso XIII contrajo matrimonio con Victoria Eugenia de Battemberg en 1906, el único hotel que había con cierto prestigio era el París, por este motivo, los invitados que asistieron a la boda tuvieron que hospedarse en palacios privados. Esto hizo que el propio rey se interesara en la construcción de un gran hotel de lujo a la altura de los hoteles europeos. Así, en 1910, fue inaugurado el Hotel Ritz, siendo el mejor y más lujoso del Madrid de entonces y de hoy.

EL TRÁFICO DE LA PUERTA DEL SOL EN 1863

Noticia publicada en el diario *La Época* el 29 de julio de 1863 sobre la situación del tráfico de la Puerta del Sol, tema que ya preocupaba entonces. Copio textualmente la media de vehículos que circulaban en ese año por dicho lugar, para que luego digamos de ahora: «carruajes de cuatro ruedas y un caballo: 4.184; idem con dos, 2.185; idem con más de dos, 21; diligencias, ómnibus y sillas de postas, 81; carruajes de dos ruedas,

47; galeras, 8; carros de reata: 1.237; carretas: 177; caballos de montar, 861, caballerías con carga, 1.969». No es de extrañar por ello que la Puerta del Sol, de siempre, haya sido la plaza más concurrida de Madrid. Además del tráfico hay tanta gente que se apelotona en las aceras, que se hace difícil dar un sólo paso. Ya en el siglo pasado hubo que sacar una ¡ley sobre regulación de viandantes! por llamarlo de alguna forma, cuyo artículo 330 decía textualmente: «Mirando por la comodidad general de los habitantes de esta capital, se les excita á que no permanezcan parados sobre las aceras (de la Puerta del Sol, calles de Carretas, Montera, Preciados, Mayor, Arenal y Carrera de San Gerónimo) que comprendan las calles expresadas, pudiéndolo verificar en cualquier punto fuera de las aceras».

UN RESTAURANTE TRADICIONAL

El restaurante Lhardy ha pasado a la historia entre otras cosas por su famoso caldo mañanero servido en una gran ponchera de plata y por sus riquísimas croquetas calientes. Su historia se remonta al año 1839 en que el francés Emilio Huguenin Lhardy se estableció en el número 9 de la Carrera de San Jerónimo. Por lo visto Lhardy se dejó convencer por su amigo Próspero Merimée, quien le indicó que en Madrid no tendría competencia. Aunque en la actualidad el restaurante pertenece a una sociedad limitada compuesta por dos personas, sigue conservando su primitivo nombre. Sugiero una visita matinal y probar el consomé, las croquetas y los pastelillos de carne, ¡una delicia!, y de paso, evocar el pasado contemplando el mobiliario, se conserva igual que hace cien años* (ver Lhardy).

La leyenda de la dama, el alférez y el escritorio

Hacia 1588 vivía en la calle del Príncipe una doncella, bella como siempre se exige en estos casos, cortejada por un alférez a quien ella correspondía. Una tarde, el joven fue a ver a su prometida con una mala noticia: le explicó que debía partir de inmediato por orden del rey para embarcar a bordo de uno de los barcos de la Armada Invencible. La dama rompió a llorar desconsolada de tristeza, pues presentía que le perdería para siempre. El alférez, para consolarla, le prometió que, en caso de morir en combate defendiendo España, ella sería la primera en conocer la noticia. «Mira —le dijo— si algún día cayera al suelo algún cajón de este escritorio —y señaló el mueble— será la señal de que he muerto luchando».

Pasaron los días y los meses con el constante temor de que el escritorio se abriera. Una noche, mientras la doncella dormía en sus aposentos, notó que una fría corriente de aire movía las cortinas de su ventana inundando la estancia. Presintiendo lo peor, la muchacha saltó de la cama y se alejó corriendo no queriendo ver el escritorio que, en ese momento, se abría dejando caer al suelo un cajón y desparramando su contenido. ¡Extraño sistema de comunicación, predecesor del telegrama! Algunas semanas más tarde, llegaron noticias sobre la destrucción de la Armada Invencible, confirmando la muerte del alférez. La doncella, presa de un gran dolor, se retiró al convento de Santa Isabel, donde profesó como monja, llegando a ser superiora del mismo.

UNA SIMPLE ROZADURA

Que no piense nadie que los raspones, rozaduras, «bollos», «bollitos», pequeños golpes y roturas de faros de coches es cosa moderna, con la llegada del automóvil en concreto. Esto viene de antiguo. Ya en tiempos de Felipe IV se produjo un pequeño incidente que ha pasado a la historia por su final. Ocurrió entre el conde de Lodos y un arzobispo. Según se cuenta, el coche de caballos del conde estaba parado en la calle cuando fue rozado por el del arzobispo. El conde, sin pensarlo dos veces, saltó del coche espada en mano y, ante las miradas atónitas del prelado y del cochero, abrió las tripas de los caballos que tiraban de la carroza del arzobispo. Hoy no habríamos llegado tan lejos, en cierto modo porque no hay caballos para destripar. Todo se arreglaría dando parte al seguro y en un taller de chapa y pintura.

¡QUÉ VELOCIDAD!

Continúo con los carruajes. Posteriormente al anterior suceso, en 1876, un inglés viajó de Madrid a Aranjuez en carruaje, y al parecer quedó encantado del viaje, ya que invirtieron tan sólo ¡tres horas! «Parecíamos volar», comentó el inglés refiriéndose a la excesiva velocidad del vehículo. Unos 15 kilómetros por hora. En la actualidad, ante un fin de semana con puente, o en «operaciones de salida y retorno» este trayecto puede durar fácilmente el doble que en aquella época. Más de un madrileño ya lo ha comprobado.

TURRÓN COMO DIOS MANDA

Son asombrosas las larguísimas colas que se forman en navidades frente a Casa Mira. La gente aguanta estoicamente el frío y las colas porque saben que el turrón de Casa Mira es turrón hecho como Dios manda. Su fundador, Luis Mira, llegó a Madrid procedente de Asturias en 1850 y se dedicó a vender turrones de forma ambulante en la Puerta del Sol, hasta que, cinco años más tarde, se estableció en el número 30 de la Carrera de San Jerónimo. En la actualidad, la tienda está regentada por Carlos Mira, tataranieto del fundador, sexta generación de la familia al frente del mismo negocio. Para quien esté interesado, los turrones se fabrican en los talleres que tienen en Jijona y en la trastienda.

UNA ESCUELA PECULIAR

¿Sabían que en Madrid hubo una «escuela de rateros»? Eso dicen. En el número 17 de la ronda de Atocha se reunían muchachos de los barrios bajos madrileños donde ensayaban con muñecos la mejor manera de robar. Ironías de la vida, el edificio pertenece hoy a los padres salesianos quienes lo han destinado a centro de Formación Profesional.

ORIGEN DEL TÉRMINO BARRIOS BAJOS

Y ya que he mencionado los barrios bajos, aprovecho para explicar su significado. Aunque se suele usar este término para designar a sus moradores como gente de clase modesta o baja, e incluso se utiliza de forma despectiva, la realidad es que el término procede de Lavapiés. En el siglo XVI, el límite de la ciudad terminaba donde comienza el barrio de Lavapiés, por eso, los barrios bajos eran los que desde el límite bajaban hasta el Manzanares, porque efectivamente, estos barrios se hallaban en una suave pendiente hacia el río.

ORIGEN DEL NOMBRE DE USERA

Usera es un barrio que pudo ser y no fue una zona residencial bonita, según preveía en 1939, el Plan General de Ordenación, Reconstrucción y Extensión de Madrid. El barrio surgió en los terrenos del llamado «Tío Sordillo», cuya hija se casó con el coronel Marcelo Usera. En los años veinte, don Felipe, administrador del coronel, parceló los terrenos situados en el entonces municipio de Villaverde, trazando además sus calles en forma de damero. Al principio, toda esta zona era conocida como el «sector de Valdenarro», por una calle que así se llamaba (hoy Felipe Castro). El nombre del barrio procede del gran número de calles que don Felipe rotuló con el apellido Usera (Marcelo, Nicolás, Isabelita, Gabriel, Amparo, Mariano, Antonia, Luis...). Dedicó otras tantas a los sirvientes, al chófer y a algunos vecinos: José Montoya, José Anaspere, Pepita Barroso.. El coronel Usera regaló además, un terreno para un grupo escolar que lleva su nombre y se convirtió en el consejero de sus habitantes, así como padrino de numerosos bautizos. En la actualidad dista mucho de ser una zona residencial como estaba previsto, que según el Plan, habría sido una «zona de residencia aislada con objeto de construir un sector magnífico, precioso e higiénico que nada tuviera que envidiar a las modernas ciudades europeas».

ARROYOS DESAPARECIDOS

Madrid ha sido una tierra rica en arroyos, la mayoría de los cuales han sido cubiertos primero y asfaltados posteriormente. El arroyo Calero está cubierto hoy por el polideportivo del barrio de la Concepción; el de la Elipa discurre debajo de la calle del Marqués de Corbera y el famoso arroyo del Alto Abroñigal, hoy desaparecido bajo el asfalto de la M-30, son algunos de ellos. Este del Abroñigal, se cree que tomó el nombre de un pueblo ya desaparecido que existió en 1219 llamado Valnegral o Valdenogueral, que deformándose con el tiempo, pasó a briñigal y terminó en Abroñigal, que significa «lugar de abróñigos», o «ciruelas silvestres». Los futuristas del siglo pasado ya preveían este arroyo como el «gran eje del futuro trabajo urbano», pero no contaban con que ese gran eje, hoy M-30, se quedase pequeña y desbordada ante el enorme tráfico rodante de la actualidad.

EL FAMOSO «APRENDIZ DE RÍO»

¡Pobre Manzanares! El río de la Villa y Corte ha sido el río más burlado y satirizado de cuantos hay en el mundo. Frases históricas se conservan en los anales de la historia de Madrid. Se cuenta que el embajador alemán Rhebiner dijo que nuestro río era el mejor de Europa porque tenía la ventaja de ser «navegable en coche y a caballo».

UN BELLO INVERNADERO

El Palacio de Cristal del Retiro, es un pequeño y bello edificio construido en 1887 como invernadero para una exposición de plantas y flores procedentes de Filipinas. Cuando se terminó la exposición fue destinado a Museo Ultramarino. En la actualidad se usa para exposiciones culturales de todo tipo. Pero no sólo ha servido para este cometido: el 11 de mayo de 1936, Manuel Azaña fue elegido en este mismo lugar presidente de la República por 754 votos a favor de entre 1.040 compromisarios.

APARECE EL EMPEDRADO EN LAS CALLES

El «empedrador» fue el mote que recibió el arquitecto francés Jaime Marquet, quien, a mediados del siglo XVIII, recibió la orden de Carlos III de llevar a cabo, por primera vez, las obras de empedrado de la ciudad sustituyendo en este encargo a Ventura Rodríguez, arquitecto de la Villa. Éste a su vez propuso un proyecto para construir el edificio del reloj de la Puerta del Sol, pero el rey aceptó el proyecto de Marquet. Por eso se dijo en aquel entonces «al arquitecto las piedras y la casa al empedrador». Un siglo más tarde, en 1848 se adoptó el llamado empedrado de prismas y adoquines.

ORIGEN DEL NOMBRE DE CUATRO CAMINOS

La glorieta de Cuatro Caminos, en un principio de «los» Cuatro Caminos, recibió este nombre porque eran cuatro los caminos o calles que confluían aquí: la carretera de Irún, llamada también Mala de Francia (hoy Bravo Murillo), la antigua vereda de Aceiteros (utilizada por los arrieros del aceite y enterrada en parte por la actual avenida de la Reina Victoria), el paseo de Santa Engracia y por último, la pequeña calle de los Artistas. Posteriormente surgiría una nueva vía, la calle de Raimundo Fernández Villaverde, como prolongación de Reina Victoria y formando parte de una ronda o cinturón de la ciudad con los llamados «puentes» (Joaquín Costa, Francisco Silvela, etc.).

El puente de Segovia

Debe su nombre a la ciudad más cercana que había saliendo por la carretera que de este puente partía. El actual puente fue construido en 1584 por Juan de Herrera, arquitecto que construyó también el monasterio del Escorial. Mide 148,23 metros de largo por 9,20 de ancho. Tiene nueve ojos y es el más antiguo de Madrid. Su coste, incluyendo la calzada, fue de 200.000 ducados. Anterior a éste hubo otro puente conocido por la Puente Segoviana, que estaba situado frente a la Puerta de la Vega, un poco más a la derecha del actual. De dicho puente partían los caminos de Castilla y León, Toledo, Andalucía y Extremadura, así como a los pueblos de Alcorcón y Pozuelo.

El misterioso caballero de San Pedro el Viejo

Las viejas iglesias siempre guardan un cierto aire de misterio. La que fue antigua mezquita y luego cristiana iglesia de San Pedro el Viejo, de la que ya he comentado algo anteriormente, encierra un hecho misterioso. Según Jerónimo de Quintana en su libro *Grandezas de Madrid*, en el siglo XVI, tras el derrumbamiento de una de las paredes de la sacristía, apareció el cuerpo de un caballero, con su peto y su espaldar, que se conservaba intacto salvo la cabeza que no estaba embalsamada, y por ello, estaba corrompida. ¿Quién fue este misterioso caballero? Nunca se supo, pero debió de ser una persona importante, ya que en lugar de ser enterrado en el suelo se le enterró de pie, en una de las paredes y con sus armas. Permaneció expuesto unos días siendo depositado de nuevo en el mismo lugar, una vez arreglada la pared derrumbada. De este misterioso caballero nada se sabe en la actualidad, ni siquiera un cartelito que indique el lugar donde descansa.

El Caballero de Gracia

Otro caballero, con nombre y apellidos y mucho más famoso que el anterior forma parte de la historia de Madrid. Me refiero al llamado Caballero de Gracia, que ha dado nombre a una calle, un oratorio y un convento (ya desaparecido). Del origen del sobrenombre de Gracia existen dos versiones muy diferentes. Una de ellas cuenta que el nombre procede de Jacobo de Grattis, quien, al parecer, estaba enamorado de una dama e intentó darle a beber un narcótico que debía administrarle su doncella por orden suya, pero en la Red de San Luis, no se sabe por qué motivo, de pronto, se arrepintió y se metió a sacerdote, y además fundó un convento y una congregación, la del Santísimo Sacramento, conocida con el nombre del Oratorio del Caballero de Gracia.

La segunda versión dice que el caballero tomó el sobrenombre de Gracia por un suceso considerado como milagroso. Se cuenta, que su madre, años antes de nacer él, fue dada por muerta y cuando iba a ser enterrada recobró de pronto la vida, asustando a todos los presentes, muchos de los cuales huyeron corriendo. Este hecho fue interpretado por las gentes de entonces como una «gracia» especial para quien fuera a nacer posteriormente. Curiosamente, el caballero que obtuvo esa «gracia» al nacer, vivió nada menos que hasta los ciento dos años.

Alcalde y tendero

El edificio de la Junta Municipal de Tetuán fue en tiempos, el Ayuntamiento del antiguo pueblo de Chamartín de la Rosa, al que pertenecía el barrio de Tetuán. El Ayuntamiento se trasladó a este lugar desde su primitivo emplazamiento en la plaza del Duque de Pastrana (antigua plaza Mayor del pueblo), en enero de 1888. Aunque hay quien dice que fue por orden del alcalde, que era dueño de una tienda de comestibles situada cerca de Bravo Murillo y así podía ejercer las funciones de alcalde y tendero sin apenas desplazarse, lo cierto es que el traslado se debió fundamentalmente a que el barrio de Tetuán era mucho mayor y mas populoso que el pueblo de Chamartín.

Las primeras casas del barrio de Salamanca

El barrio de Salamanca, proyectado por Carlos María de Castro y llevado a cabo por el marqués de Salamanca, es uno de los mejores de Madrid. El barrio, que toma el nombre del propio marqués, fue construido entre 1860 y 1920, eligiéndose para ello la zona este de la ciudad, en lo que Castro proyectó como zona de ensanche de

Madrid. El marqués de Salamanca empeñó hasta sus últimos ahorros para levantar un barrio con una concepción muy distinta, destinada a las clases acomodadas. La *Guía de Arquitectura y Urbanismo* del COAM describe el barrio detalladamente: «las plantas primera y principal de estas viviendas estaban proyectadas como auténticos palacetes con jardín privado y cocheras sobre el patio de manzanas, mientras que en las plantas superiores se acomodaban los empleados y servidumbre». Entre 1860 y 1870 se levantaron las primeras casas en la manzana comprendida entre las calles Serrano, Villanueva, Claudio Coello y Jorge Juan. En el interior de ésta existe todavía un precioso jardín que hasta 1885 funcionó como plaza ajardinada pública y que en 1927, para su buena conservación, los propietarios de las fincas prohibieron su entrada, incluso a los inquilinos de las viviendas, pudiendo tan sólo entrar el jardinero que se encarga de cuidarlo. Éste era el jardín que contemplaba Bécquer desde su ventana del número 25 de Claudio Coello, cuyos balcones interiores daban a él.

LOS PRIMEROS RASCACIELOS

Se dice que los primeros rascacielos que se levantaron en Madrid fueron los llamados edificios Titanic, situados en la avenida de la Reina Victoria esquina a la glorieta de Cuatro Caminos. Forman varias casas de treinta y cinco metros de altura que provocaban el asombro general de los madrileños de 1929, año en que se construyeron. Su arquitectura estaba influida por los rascacielos americanos y fueron bautizados Titanic en recuerdo del gran transatlántico que se hundió al chocar contra un iceberg.

Origen el nombre de la iglesia de San Manuel y San Benito

La bonita y blanca iglesia de San Manuel y San Benito, situada en la calle Alcalá esquina a Lagasca, fue dedicada a estos santos porque se levantó en 1910 gracias a una fundación privada formada por Manuel Carriggioli y su esposa Benita Maurici.

Un arroyo y una facultad

La facultad de Ciencias de la Información, fue construida sobre el arroyo de Cantarranas, antiguo vertedero de aguas residuales del barrio de Cuatro Caminos. A consecuencia del terreno movedizo donde se levantó el edificio, a los pocos años de su construcción, en el verano de 1978, la facultad amenazaba con hundirse si no se ponía remedio rápidamente. El problema se arregló en poco tiempo reforzando los cimientos.

Primer derribo del paseo de la Castellana

El primer palacio del paseo de la Castellana que sucumbió ante la piqueta en 1962 e inauguró la larga lista de los nostálgicos palacetes fue el de Anglada, en cuyo solar se levantaron los edificios del Hotel Villamagna y Galerías Preciados. Las coníferas que hay frente al hotel eran las del jardín del desaparecido palacio.

El primer barrio dormitorio

Se puede decir que el primer barrio dormitorio que se levantó en Madrid fue la Plaza Mayor, aunque parezca increíble. Las construcciones de la Villa y Corte consistían en viviendas unifamiliares con jardines y huertas. Por este motivo, la Plaza Mayor supuso una transformación en el modo de vida de los madrileños. Cuando se terminó su construcción en 1619, se alojaron 4.000 vecinos, viviéndose aquí, por primera vez, la sensación de aglomeración de un barrio dormitorio.

LAS CÚPULAS MÁS GRANDES DE MADRID

Dos iglesias dedicadas a dos San Franciscos distintos, ostentan las cúpulas más grandes de Madrid. La mayor, con treinta y dos metros de diámetro, es la de la Basílica de San Francisco el Grande, seguida de la iglesia de San Francisco de Sales, en el distrito de Tetuán.

VERANEO EN CUATRO CAMINOS

A principios del siglo XX, el barrio de Cuatro Caminos era el lugar preferido por los madrileños que pasaban las vacaciones de verano en esta zona elevada, por ser una de las más saludables y por su fama de tener «buenos aires». En 1906, una crónica publicada en ABC decía que «aunque la edificación, aparte de muy contadas casas, suele ser pobre y miserable, no faltan hoteles de recreo y en los cuales, algunas familias madrileñas acostumbraban a pasar la temporada de verano, y entre la élite de esa colonia figura en primera línea una de nuestras glorias nacionales, el sabio doctor Ramón y Cajal, que posee una preciosa finca en la calle Almansa». Es difícil imaginar este bello paraje descrito por el cronista viendo los enormes edificios, el paso elevado y la avalancha de tráfico que cruza la glorieta de Cuatro Caminos.

La casa del Barco

La Embajada del Japón está instalada en un edificio muy curioso, en la llamada Casa Vega, más conocida por la «casa del Barco». Situada en plena colonia del Viso, recibe este nombre por estar construida sobre una serie de terrazas escalonadas, que salvan el desnivel existente entre las calles Guadalquivir (más alta) y Joaquín Costa (más baja), simulando las cubiertas de un barco. Levantada en los años treinta, la enorme tapia de seguridad que la rodea impide ver la forma del edificio que representa en su parte delantera la popa de un barco. Se puede ver parte de la «casa del Barco» desde cualquiera de los autobuses de la EMT que pasan ante su puerta.

La torre que tiene amortiguadores y está oxidada

Una de las torres que destaca por su mayor altura en el complejo Azca es la del Banco Bilbao-Vizcaya. Lo que resulta bastante desconocido para la gente es que, ahí donde lo ven, es un edificio que tiene amortiguadores. Me explico. Para su construcción se empleó una cimentación amortiguada, que evita las vibraciones de los trenes que pasan por debajo del edificio, dado que fue levantado sobre el túnel que une las estaciones de Chamartín y Atocha. El aspecto oxidado que presenta el parasol continuo de acero que rodea la torre se debe a una nueva técnica empleada que consiste en la oxidación controlada, lo que le da un tono cada vez más rojizo. Como ven el edificio está oxidado a propósito.

«Baile de estatuas»

Hablemos de estatuas. Cada etapa política tiene o ha tenido sus monumentos escultóricos. Unos se levantan, otros se trasladan de lugar, y otros son retirados, desapareciendo para siempre. Todo depende de la situación política del momento. Del primer grupo no hace falta hablar. Al segundo pertenecen, por mencionar algunas, las estatuas dedicadas a Quevedo (trasladada de la plaza de Alonso Martínez a la glorieta de Quevedo, emplazamiento más lógico); Claudio Moyano, desde 1982 de nuevo en la plaza del emperador Carlos V, y que estuvo durante muchos años «perdida» en el patio del colegio del mismo nombre y utilizada por los chicos como poste para sostenimiento de una portería de fútbol. Tras largos años prestando este «servicio», el rostro resultó tan deteriorado por los balonazos recibidos que hubo que restaurarlo porque estaba irreconocible. Afortunadamente, después de unos años de «traslado forzoso», ha sido reemplazada a su antiguo lugar, donde, a buen seguro, recibirá mejor trato. También la estatua ecuestre de Felipe III tuvo primitivamente otro emplazamiento: la entrada de la Casa de Campo, desde 1616 hasta 1848 en que, por iniciativa de Mesonero Romanos, fue trasladada a la Plaza Mayor. En 1873, con la proclamación de la I República, rey y caballo fueron bajados de su pedestal y guardados en un almacén. Al año siguiente, con la restauración borbónica, fueron subidos de nuevo a su pedestal y colocados de nuevo en la Plaza Mayor, donde permanecen hoy.

En el grupo de los desaparecidos está la estatua de Pablo Iglesias, fundador del PSOE y que estuvo en el parque del Oeste hasta que, durante la guerra civil, fue enterrada por unos militantes socialistas en el Retiro. Nunca se ha podido rescatar por desconocerse el lugar exacto donde fue ocultada. Recientemente ha sido hallada tan sólo la cabeza. En paradero desconocido se encuentra también la dedicada a Mendizábal, estatua de bronce de dos metros de altura. Famoso por su ley desamortizadora, presidió la actual plaza de Tirso de Molina (antes del Progreso) entre 1869 y 1939, siendo sustituida en este último año por la dedicada a Tirso de Molina. Un caso menos conocido es el de una escultura sin catalogar de Benlliure, hallada en una escombrera que el Ayuntamiento tiene en la Casa de Campo y que fue triturada y convertida en piedra, nada menos que para ¡pavimentar una calle! Si Benlliure levantara la cabeza...

Lo cierto es que vivimos en un país en que para ser alguien hay que estar muerto. Los que tienen más monumentos dedicados son los militares, que suman veinte entre todas las graduaciones, siendo la más baja la correspondiente al soldado Eloy Gonzalo (que preside Cascorro). Les siguen escritores, pintores, músicos y toreros. Por supuesto no hay que olvidar el gran número de monumentos dedicados a reyes españoles, gran parte de los cuales se encuentran en la plaza de Oriente.

EL EDIFICIO MÁS ANTIGUO DE LA CIUDAD UNIVERSITARIA

La Escuela Superior de Técnicos de Ingenieros Agrónomos, es el único edificio de la Ciudad Universitaria levantado antes de la construcción de la misma. Su edificación data de los primeros años de este siglo, mientras que la construcción de la Ciudad Universitaria comenzó a finales de los años veinte.

El palacio donde se alojó Napoleón Bonaparte

El colegio de religiosas del Sagrado Corazón, de Chamartín, situado frente al de los Jesuitas, era uno de los dos palacios que el duque del Infantado tenía en el pueblo de Chamartín, el cual lo cedió a las religiosas antes citadas (el otro lo dio al colegio de los Jesuitas). En una de sus torretas se alojó Napoleón Bonaparte a su paso por Madrid, entre el 2 y el 21 de diciembre de 1808. Hasta el último cuarto del siglo pasado aún se conservaba en él la cama donde durmió el emperador francés.

La Tinaja

En el parque del Oeste, en su parte más baja, existe una enorme tinaja que llama la atención a quien no sepa de qué se trata. La Tinaja, con mayúscula, fue un horno de la Escuela de Cerámica creada por los hermanos Zuloaga a finales del siglo XIX, con el fin de continuar la labor de la antigua Fábrica de Porcelanas del Retiro, destruida en 1812 por los ingleses durante la guerra de la Independencia. En la actualidad, la Tinaja está cerrada pero permanece en perfecto estado recortándose sobre el horizonte de la Casa de Campo* (ver Fábrica de porcelana).

LAS ESCOMBRERAS DEL AYUNTAMIENTO

Antes dije que una escultura de Benlliure fue hallada en una escombrera de la Casa de Campo y de escombreras o depósitos municipales voy a contar algunas cosillas. En el Retiro, junto a la estatua del Ángel Caído, está el antiguo Huerto del Francés, solar acotado que junto con otro situado en la Casa de Campo, son dos de los almacenes que el Ayuntamiento tiene para guardar todo lo que de Madrid pueda ser desmontado: fuentes, verjas, esculturas, farolas de gas y fernandinas, arcos de fachadas, bancos de granito, piedras talladas, restos de monumentos, dinteles de puertas..., y un largo etcétera. Con el tiempo, estos restos que reposan en estos «cementerios urbanos», van siendo enterrados por más escombros y tierra. Sin entrar en los motivos de por qué se desmontan y retiran multitud de obras, lo cierto es que estos depósitos están repletos, incluso se especula la posibilidad de que puedan hallarse en la Casa de Campo los restos desmontados de la famosa Puerta de San Vicente, construida por Sabatini, aunque también se dice que dicha puerta, una vez derribada, fue convertida en adoquines o que sirvió para la construcción de la tapia que rodea al Retiro en el tramo de Menéndez Pelayo.

EL HUERTO DEL FRANCÉS

El anteriormente mencionado Huerto del Francés fue primeramente un cementerio construido por orden de Carlos III para que sirviera de modelo a posteriores cementerios. Aquí eran enterrados los cuidadores del Retiro hasta que desapareció en 1874 con la construcción del paseo de Fernán Núñez. Como queda dicho, en la actualidad es una escombrera, a fin de cuentas otro tipo de cementerio.

Los primeros W.C.

Las primeras casas que tuvieron W.C. y agua corriente, fueron las construidas por el marqués de Salamanca en el barrio de su mismo nombre, concretamente, las de la manzana comprendida entre las calles de Serrano, Villanueva, Claudio Coello y Jorge Juan. Por supuesto que el propio marqués fue el primero en instalar estos servicios en su casa del paseo de Recoletos (hoy sede del Banco Hipotecario) para dar buen ejemplo de higiene y comodidad.

Aguadores

La instalación de agua corriente en las casas hizo desaparecer una profesión muy necesaria hasta entonces: la de los aguadores. Éstos formaban dos grupos: los llamados aguadores de «botijo», que vendían el agua por las calles en botijos y los aguadores de «cuba», encargados de repartir por las casas, un número de litros por ciudadano y día. A los primeros no se les pedía ninguna condición especial, pero a los segundos se les exigía estar dotados de una buena corpulencia para poder subir las cubas hasta los pisos más altos.

Escudos antiguos de Madrid

La iglesia de San Pedro el Viejo puede presumir de tener a cada lado de la puerta de acceso por la calle del

Nuncio, unos escudos muy antiguos, que aunque algunos pretenden que son anteriores a los Reyes Católicos, lo más probable es que fueran colocados en 1611, como afirma el profesor Montero Vallejo.

La casa del Pastor y su escudo

Y más sobre escudos, en este caso uno: el de la antigua casa del Pastor. Se encontraba adosado en la única pared que quedaba en pie de la citada casa, que por cierto también tenía una curiosa leyenda. Según la tradición, la casa pertenecía a un arcipreste llamado José, quien en su testamento dispuso que, una vez muerto él, el inmueble pasaría a pertenecer a la primera persona que cruzara por la Puerta de la Vega. Sus deudos trataron de disuadirle por no estar conformes con tal decisión, pero no lo consiguieron. Y así, cuando murió el arcipreste, la primera persona que pasó por la citada puerta fue un pastor con su rebaño, a quien le fue concedida la casa. (Ya se pueden imaginar el asombro del buen hombre que nada sabía). La casa pasó a ser conocida popularmente como la casa del Pastor. Y se cuentan todavía más cosas. Se dice que del sótano partían varios pasadizos subterráneos que pudieran ser anteriores a la casa, pues parece ser que primeramente hubo aquí un pequeño depósito de grano o alhóndiga árabe.

Los restos de la casa pertenecían a un edificio construido en el siglo XVII y que subsistió hasta los años cuarenta de nuestro siglo. A partir de entonces poco a poco fue cayendo en ruina hasta que en 1972 fue derribada por completo. Como era uno de los escasos restos medievales que quedaba en Madrid se propuso reconstruir el edificio y destinarlo a centro turístico sobre los orígenes de Madrid. Sin embargo, les restos fueron derribados en 1988. En cuanto a su escudo, como la casa fue demolida en 1972, para proteger tan antiguo emblema, fue tapiado con una pequeña pared de ladrillo. Durante años, las ruinas de la casa fueron utilizadas como vertedero —costumbre muy arraigada entre los habitantes de esta ciudad— y en la pared de ladrillos se practicó un agujero, donde vagos y mendigos hacían fogatas todos los días. Posteriormente la zona fue ajardinada, se restauraron la pared y el escudo y por último en su solar se construyó un edificio de apartamentos que puede presumir de tener un escudo muy antiguo como objeto decorativo. Aunque se dice que el escudo es del siglo XIV, lo cierto es que es una reconstrucción del siglo XVII sobre uno anterior perteneciente al siglo XIV.

La patrona de la Villa

Vamos con la Virgen de la Almudena y su leyenda que es de lo más novelesca. Se dice que la imagen fue traída por un discípulo del apóstol Santiago. La tradición nos cuenta que cuando los musulmanes entraron en la ciudad en el año 712, un herrero escondió la virgen en un cubo de la muralla para evitar que fuera profanada y permaneció oculta en este mismo sitio por espacio de 373 años. A pesar de ello, nadie la olvidó porque sabían de su existencia por los antepasados, pero ignoraban el lugar exacto del escondite. Cuando Alfonso VI reconquistó la ciudad, en noviembre de 1085, comenzó la búsqueda de la imagen, que tras nueve días de rastreo y plegarias, quiso la casualidad que el cubo de la muralla se desprendiera apareciendo la imagen de la virgen que tanto tiempo había permanecido oculta. ¡Milagro! fue la exclamación popular. Pero la leyenda va más lejos aún y cuenta que la imagen fue hallada ¡nada menos que flanqueada por dos cirios que la habían estado alumbrando todos los años de ocultamiento! La Virgen de la Almudena apareció cerca de la Puerta de la Vega, junto a un almud o almacén de trigo, tomando por este motivo el nombre de Nuestra Señora de la Almudena y siendo trasladada a la cercana y hoy desaparecida parroquia de Santa María. En cuanto a la imagen de la virgen que podemos contemplar en una de las paredes de contención de la cuesta de la Vega es una copia de la que se conserva en la inacabada catedral de la Almudena que, a su vez, es copia de la primitiva que data del siglo XVI, desconociéndose la fecha en que se perdió la primera* (ver Virgen de la Almudena).

EL «PALACIO DE LAS PIPAS»

Uno de los primeros cines que tuvo Madrid fue el cine Doré, situado en la calle Magdalena. Inaugurado en 1923, el cine empezó llamándose «DO-RE», uniéndose más tarde las dos palabras. De hecho, en la fachada se sigue leyendo el nombre separado. El cine Doré, como se le conoce, era de sesión continua, empezaba a las tres de la tarde y terminaba a las dos de la madrugada. Los domingos tenía cuatro sesiones y en verano, debido al calor, sólo había proyecciones los festivos y vísperas. Cuando se inauguró, como no existían las películas sonoras, debajo de la pantalla había un piano para amenizar, además de las películas, las entradas y los descansos. En los buenos tiempos del cine, fue conocido por el «palacio de las pipas» porque puso de moda la afición del público a comer pipas durante las sesiones y cuyo chasquido acompañaba al piano que amenizaba las películas. Durante la guerra civil cayó un obús dentro del cine que, afortunadamente, no causó daño a los espectadores que se encontraban en aquel momento en su interior. El cine Doré fue cerrado en 1963. Un año después, la Coplaco propuso que fuera demolido y que en su solar se creara una plaza ajardinada, proponiendo una política de aumentar los espacios verdes en el casco antiguo. Tras permanecer durante años en completo abandono fue adquirido finalmente por el Ayuntamiento que lo restauró y destinó a sede de la Filmoteca Nacional.

Los pañuelos del Conservatorio

El Real Conservatorio de Música fue fundado por la reina María Cristina, esposa de Fernando VII, en 1831. Se dice que así trataba de paliar la añoranza musical de Nápoles, su ciudad natal. Lo realmente anecdótico de este lugar es su primer reglamento, que obligaba a las señoritas que asistían a clase a llevar ¡doce pañuelos!, seis para la nariz y seis de adorno. Y ¿dónde guardaban y lucían tantos pañuelos?

El centro comercial de la Vaguada

César Manrique, diseñador del centro comercial Madrid-2 de la Vaguada, necesitó para su construcción nada menos que seis millones de kilos de piedra natural, cinco millones de kilos de hierro, tres mil quinientos pilares y hormigón suficiente para construir ochenta mil metros cuadrados. Y las cifras continúan a lo grande:

para adornar la fachada se instalaron 345 jardineras de ocho toneladas cada una que, junto con unos soportes de 430 kilos y las 24 velas que hay en la parte superior, miden 150 metros cuadrados cada una. Casi nada.

Origen del nombre de Peñuelas

Peñuela, según el diccionario, es diminutivo de peña o cerro, de ahí que tanto el nombre de la calle, como el de la plaza y el de la estación de Peñuelas proceden de la antigua peñuela, denominada de Santa Isabel y que data del siglo XVII. Hoy nada queda de esta peñuela, tan sólo el barrio que mantiene el nombre.

Otra vez los aguadores

Por increíble que parezca, a finales del siglo XV, Madrid ya tenía problemas de tráfico, un tráfico distinto, por supuesto, del que existe hoy. No hay más que ver las estrechas calles llenas de curvas y recovecos del casco antiguo para comprender que los aguadores eran, en parte, los causantes de los atascos. Como al parecer los aguadores iban como locos, un *Acuerdo del Concejo* ordenaba a éstos que no fueran «corriendo con los asnos porque acaesce topar e derribar a muchas personas e hazer muchos daños». Aunque hace ya tiempo que no tenemos a estos profesionales del reparto del agua, están los numerosos automovilistas y motoristas, y hay cada uno... que va a lo loco, como si le fuera la vida en el trayecto.

La perplejidad de Colón

¿Se acuerdan cómo fueron construidas las torres de Colón? De arriba abajo, al revés que cualquier construcción. Los cimientos se hallan en la parte superior y fueron descolgando los pisos, uno a uno, hacia abajo. Se comenzaron a construir en 1970, pero a mediados del año siguiente las obras tuvieron que ser detenidas porque los edificios se excedían en nueve metros de la altura permitida en un principio. Sin embargo, se comprobó que estos nueve metros sobrantes (que equivalían a tres pisos), eran unos copetes puestos encima de las torres y que se trataban en realidad de los cimientos, de donde cuelgan las mismas. Tras un año de paralización de las obras, todo se solucionó reduciendo los volúmenes de edificación, suprimiendo una galería comercial en los bajos de las torres y con la cesión de 250 metros cuadrados destinados a acera en la calle Génova. ¡Pobre Colón!, sorprendido debió quedar al ver que las casas en estos tiempos se construyen empezando por el tejado.

Olores

Hay olores buenos, malos, regulares y orientativos. Según Modesto Sánchez de las Casas, hasta los años veinte, existían numerosos y diferentes olores que caracterizaban plazas y calles, así como barrios. Incluso, los olores variaban según si era de día o de noche. Cuenta que, siendo él niño, iba a pie al colegio y «había un primer y extendido olor que en cierta manera nos decía si llegábamos tarde o temprano a clase: el artilugio de tostar café, que expandía sus estimulantes efluvios humeantes a la puerta de las tiendas de "ultramarinos". Si el olor era todavía a leña, llegábamos a tiempo, si el olor era ya penetrante, a café tostándose, teníamos que emprender el galope so pena de llegar tarde a clase».

El famoso fotógrafo Alfonso, también describe los olores como algo típico en Madrid: «la calle Montera y la calle Toledo olían a café, pues había tostadores en la acera. La calle del Pozo olía a hojaldre de pastelería. La Moncloa olía a jabón y a limpio de la fábrica de Gal que estaba enfrente de la Cárcel Modelo [hoy Cuartel General del Aire]. En las Ventas y Tetuán olía a perfumes y lociones. En contraste, hoy Madrid huele a gas-oil y a bolsas de basura despanzurradas».

En la actualidad aún queda, al menos, un lugar con un olor muy característico: la salida de la estación de metro de Sol que da a la calle Mayor, frente a la pastelería La Mallorquina. Es la salida más olorosa, en el buen sentido de la palabra. El aroma a pasteles y bollos recién sacados del horno invita a salir corriendo del metro, donde el olor a humanidad y aglomeración es inevitable. ¿Quién se resiste a entrar en la pastelería?

SAN ANTONIO EL CASAMENTERO

«A San Antonio / como es un santo casamentero, / pidiendo matrimonio, / le agobian tanto, / que yo no quiero / pedirle al santo / más que un amor sincero». Así comienza una popular estrofa zarzuelera. Ya saben a quien me refiero, a un santo muy entrañable y querido por los madrileños: San Antonio, y una tradición muy arraigada: la de pedirle un novio. Dicho así resulta muy escueto, pero queda definido. El 13 de junio se celebra la fiesta del santo portugués, pues allí nació, y, aunque murió en Padua (Italia), no hay nadie que ponga en duda que es «nuestro» santo. En dicha fecha era costumbre que las modistillas fueran muy temprano a la ermita de San Antonio —entre las seis y media y las siete de la mañana— a depositar un alfiler en la pila de agua bendita y que luego recogían para pedir al santo que les concediera un novio. Algunas, no contentas con un sólo novio, depositaban varios alfileres, que al ir a recogerlos, ya se procuraban de que quedaran prendidos en la mano, pues se interpretaba como el número equivalente de novios y así podían escoger entre varios candidatos. Muchas iban al grano y pedían directamente un marido. Lógicamente los mozos, que sabían de qué iba la historia, también acudían a la ermita para ver a las jóvenes casaderas y poder quedar por la tarde con ellas en la verbena* (ver Ermita de San Antonio de la Florida).

La «joroba» de la Puerta de Alcalá

La torre de Valencia, construida en 1967 sobre el solar del antiguo parque de bomberos de O'Donnell, es conocida también como la «joroba» de la Puerta de Alcalá. No hay más que mirar la citada puerta desde Cibeles para estar de acuerdo. Y esto que voy a contar a continuación no es una inocentada, aunque lo parezca. A finales de diciembre de 1986, el diario *YA*, pocos días antes del día de los Santos Inocentes, publicó en exclusiva la noticia —que a todos nos pilló por sorpresa— del proyecto o supuesto proyecto del Ayuntamiento de derribar la torre y devolver a la Puerta de Alcalá su buena presencia. ¿Se tirará la torre? ¿No se tirará? De momento, ahí queda la noticia.

ORIGEN DEL NOMBRE DE EL PARDO

El monte de El Pardo, con cerca de quince mil hectáreas de encinar, es actualmente el mayor parque de Europa. Parece ser que su nombre procede del color que tienen las encinas pardas. Cuenta con una gran variedad de árboles y plantas además de treinta y cinco especies de mamíferos y ciento quince tipos de aves. Reptiles y anfibios completan la fauna del parque. En siglos anteriores, el monte era mucho mayor, siendo reducido poco a poco su extensión hasta los límites actuales. A partir del siglo XVIII, el monte perdió la zona llamada Casa Blanca, el Coto de Viñuelas y el monte de la Moraleja. Ya en nuestro siglo, tras la guerra civil, redujo aún más su perímetro con la cesión de los terrenos de la Ciudad Puerta de Hierro, la Florida, Casa Quemada, Fuentelarreina y los terrenos destinados al antiguo Parque Sindical, Club Puerta de Hierro y el Tiro al Pichón, así como la fundación Generalísimo Franco* (ver Anexiones).

LA ERMITA Y LA FUENTE DE SAN ISIDRO

Junto al cementerio de San Isidro se hallan la ermita y la fuente del mismo nombre. La fuente tiene una bonita leyenda, que cuenta que estando San Isidro labrando estas tierras, de pronto, su amo y señor, Iván de Vargas, sintió sed, por lo que pidió al santo que le diera agua. Como el labrador vio que tenía su cantarilla vacía, sin pensarlo, golpeó una roca que allí había diciendo «cuando Dios quería, aquí agua había», manando al instante agua de la roca, pudiendo así el señor Vargas saciar su sed. Otra leyenda dice que la fuente dejó de manar en 1575 debido a que los moriscos comerciaban con ella, volviendo a manar cuando fue prohibida su venta. La fuente tenía fama de milagrosa a raíz de que Felipe II, siendo niño, sanó de una enfermedad después de beber agua de esta fuente que le fue llevada a palacio. Cuando se levantó la ermita, cada quince de mayo acudía la gente a celebrar la festividad del santo patrón y a beber agua, y recoger una poca para llevarla sin olvidar decir: «San Isidro hermoso /patrón de Madrid, / que el agua de un risco / la hiciste salir».

La Gran Vía durante la guerra civil

Durante la guerra civil, la Gran Vía fue conocida popularmente como la «avenida de los obuses» y de los «quince y medio», por la cantidad de éstos que fueron disparados hasta este lugar desde los frentes de la Casa de Campo y la Ciudad Universitaria. La mayoría de las tiendas de esta gran avenida permanecieron abiertas durante la contienda, eso sí, protegidas por unos muros de albañilería y sacos terreros levantados frente a los escaparates dejando una estrecha puerta de acceso. Aun así, más de una bala fue a estrellarse contra el cristal de algún escaparate. Para poder ver los artículos expuestos había que hacerlo en el estrecho hueco que quedaba entre la tapia y el escaparate.

Primeras huelgas

¿Saben cuáles fueron las primeras huelgas que hubo en Madrid? La de los basureros, la de los picapedreros y la de los cajistas por este orden. De esto hace poco más de cien años. El 31 de agosto de 1871 se declararon en huelga los trabajadores de limpieza del Ayuntamiento quienes exigían que se pagara al contratista porque hacía tiempo que no cobraba. El Ayuntamiento pagó para no alterar la salud pública por falta de limpieza en las calles. Unos meses más tarde, en octubre, se produjo la de los picapedreros y canteros. La tercera huelga tuvo lugar el 13 de febrero de 1882, convocada por los cajistas de imprenta y organizada por la llamada Asociación de Arte de Imprimir. Los miembros del comité de huelga fueron condenados a cinco meses de cárcel. Esto no es nada comparado con los primeros meses de 1987, fueron tantas las huelgas que incluso un semanario llegó a publicar una guía de manifestaciones, pues prácticamente todos los sectores estaban en huelga.

NÚMEROS QUE FALTAN

¿Se han fijado que no existe la línea número 13 de autobuses? De la 12 se salta a la 14. Esto hasta cierto punto es comprensible, dada la superstición del numerito en cuestión, pero lo que ya no resulta tan comprensible es que faltase el número 100 de una calle, pero así fue. En el primer cuarto de nuestro siglo, en la calle Hortaleza, faltaba el número 100 saltando del 98 al 102 por causas desconocidas. No se molesten en comprobarlo, el error fue subsanado hace ya bastante tiempo. Pero en la actualidad todavía tenemos una irregularidad parecida en una calle, la del Príncipe de Vergara, cuya numeración está algo confusa, pues del número 128 se salta al 132 y a continuación vienen el 130 y el 134.

Volviendo al número trece del principio, en la Torre Picasso, la planta trece le tocó en un principio a una empresa italiana que rápidamente protestó. Al final la planta fue adjudicada a una compañía internacional de seguros. ¿Incluirá seguros contra supersticiones?

TORRE PICASSO

Y ya que he mencionado Torre Picasso, la torre más alta de Madrid, ahí van unas cuantas cifras que por lo grandes abruman: Torre Picasso mide 157,25 metros de altura y tiene 18 ascensores, 158 cámaras de video de vigilancia, 2.107 ventanas, más de 1.300 peldaños de escaleras, 350.000 tornillos, 25.000 tubos fluorescentes y 5.000 líneas telefónicas, todo ello controlado por un ordenador «cerebro» central situado en un auténtico búnker o cámara acorazada, capaz de detectar cualquier anomalía, desde una colilla mal apagada, hasta un fluorescente fundido. El edificio da cobijo a 5.000 personas y a 6.000 visitantes diarios y la iluminación halógena nocturna se ve en un radio de 40 kilómetros de distancia.

ORIGEN DEL NOMBRE DE ORCASITAS

Orcasitas no quiere decir Organización de Casitas ni Organización de Casas Alegres Sociedad Ilimitada de Techos y Aires del Sur ni cosa parecida. No es tan complicado, Orcasitas debe su nombre a Pedro Orcasitas, dueño de la gran mayoría de los terrenos donde hoy se asienta el barrio de dicho nombre. Más tarde surgirían los poblados dirigidos de absorción y mínimo de Orcasitas, Orcasur... pero eso es otra historia.

UNA PATRONA EFIMERA

Una noticia curiosa que pocos deben saber. Santa Ana fue por un tiempo patrona de Madrid. Sí, patrona, como lo leen. El motivo fue que como en 1616 no llegaba la canonización de San Isidro y se necesitaba un patrón santo además de la Virgen de la Almudena, el pueblo de Madrid, decidió dar el título a Santa Ana, madre de la Virgen, hasta que en 1622 se produjo la tan ansiada canonización del labrador, erigiéndose desde entonces patrón de la Villa y Corte.

LEYENDAS EN LA PUERTA DEL SOL

El actual edificio de la Comunidad Autónoma de Madrid, situado en la Puerta del Sol, tiene en su haber un par de leyendas por lo menos. Una de ellas cuenta que cuando se estaba construyendo el edificio se apareció el demonio a los albañiles diciéndoles que dicho edificio pertenecía al infierno por haberse elegido el proyecto de un arquitecto francés en lugar del presentado por Ventura Rodríguez. Como los albañiles tenían miedo de nuevas apariciones, hubo que contratar los servicios de un sacerdote para que en caso de que volviera a presentarse el diablo, hablara con él y lo alejara de allí. Por este motivo, el sacerdote formó parte de la plantilla de obreros de la construcción del edificio hasta que se finalizó.

Otra leyenda, muy diferente, cuenta que durante la ocupación de las tropas de Napoleón, un capitán francés y veinticuatro soldados se refugiaron en este edificio. Los madrileños rodearon el inmueble y los soldados salieron y escaparon como pudieron. Cuando comprobaron que el capitán no había escapado, mandaron llamar a los relojeros para que desarmaran los relojes de la torreta pensando que estaría escondido dentro. Tan sólo encontraron un pequeño ratón. La deducción fue muy inteligente pues se llegó a la conclusión de que el ratón era el capitán francés, que, como se suponía tenía tratos con el demonio, se había convertido en ratón para pasar desapercibido. Lo que la leyenda ya no cuenta es lo que fue del ratón.

Los «romanones»

¡Qué vienen los «romanones»! Los madrileños, como siempre, tan dados a poner motes. Y la policía municipal no iba a ser menos. Los «romanones» era el nombre popular que designaba a los policías municipales a caballo, cuerpo creado en 1898 por el conde de Romanones.

El «charco del obrero»

¿Se acuerdan del Parque Sindical y de cómo se llenaban sus piscinas en verano? Popularmente se le llamaba el «charco del obrero».

Fuentes republicanas

Dos fuentes para beber que datan del tiempo de la segunda república: la de Cabestreros, que aún conserva su inscripción inicial de 1934 y la de la parte más baja de la Cuesta de los Ciegos, que si se fijan bien, además de poder leerse el año de su construcción —1932— tiene el escudo republicano labrado, compuesto por un oso y el madroño a la derecha y en el lado izquierdo un dragón.

La estación de metro fantasma

Han pasado muchos años desde aquel 21 de mayo de 1966 en que fue clausurada la estación de metro de Chamberí. El largo trecho entre las estaciones de Bilbao e Iglesia nos invita a escudriñar en la oscuridad para tratar de encontrar la antigua estación de Chamberí. Ésta todavía conserva los andenes, pasillos, taquillas y papeleras llenas de billetes del último día que funcionó. La desaparecida estación de Chamberí se conserva como una especie de museo mudo del Metro. ¿No se le ha ocurrido a nadie dedicar el vestíbulo, los pasillos y los andenes a museo del metro? Sería un lugar muy indicado para exponer, de forma permanente, la historia de este popular medio de transporte, la evolución de los billetes y sus diferentes precios, así como exhibir algunas de las máquinas más antiguas y los primeros vagones... Ahí queda la sugerencia.

El emblema de Madrid

En la plaza de Puerta Cerrada, algunas de las medianías que quedaban al descubierto han sido pintadas para así disimular su fealdad, con más o menos acierto, según las opiniones. Una de ellas muestra un trozo de pedernal y una frase: «Fui sobre agua edificada, mis muros de fuego son, esta es mi alcurnia y blasón». No es fácil comprender dicha frase, dado que la mayoría desconoce los orígenes de Madrid. La frase alude al terreno donde se asentó la primitiva ciudad de Magerit, rica en abundantes aguas subterráneas y arroyos que daban numerosas fuentes naturales. La segunda parte de la frase «mis muros de fuego son» se refiere al material que se empleó para levantar la muralla que rodeaba la ciudad, es decir, la piedra de pedernal. Esta leyenda constituye el emblema de Madrid.

EL ENTIERRO DE LA SARDINA

¿Por qué al final de los carnavales hay que enterrar una sardina? Según parece, el famoso entierro de la sardina se refiere a un cargamento de sardinas que, destinados a la Cuaresma que iba a empezar, llegó en mal estado a Madrid, por lo que Carlos III ordenó que fuesen enterradas todas las sardinas. El entierro de la sardina significa pues el final del período de alegrías, la muerte del carnaval que da paso a la cuaresma. Y justamente, la cuaresma significa ayuno y abstinencia, por eso, lo insólito de esta tradición es enterrar precisamente un pescado, que es lo que se debe comer en los días de abstinencia, cuando lo que se debería enterrar es una gran comilona, o cuando menos, un buen filete, para despedir un período de tiempo en que se puede comer de todo y abundantemente. El entierro de la sardina no sólo se festeja en Madrid, se celebra en otros puntos de la geografía española como Tenerife o Huelva, lugares donde difícilmente podría llegar en mal estado una partida de sardinas.

Leyenda del Cristo de los Guardias de Corps

El Cristo de la Fe, con un sable y una bandolera a sus pies como ofrenda, ha sido de antiguo, el patrón de los Guardias de Corps. Conocido también como el Cristo de los Guardias de Corps, estuvo en la iglesia de San Sebastián. En la actualidad se le supone paradero desconocido, como tantas imágenes que han desaparecido y forman parte de la historia madrileña.

El Cristo de la Fe estaba envuelto en una preciosa leyenda con bella joven incluida. Se cuenta que en el número cinco de la calle del Sacramento, vivió una noble y bella dama que, cierta noche, vio pasar desde su balcón a don Juan de Echenique, un joven oficial de Corps quien corría presuroso a cumplir su guardia en palacio, después de jugar a las cartas con unos amigos. La dama le llamó susurrante, el oficial alzó la vista, ella le invitó a subir y él quedó tan prendado de su belleza que, sin dudarlo un instante, subió. Cuando sonaron las campanas de la cercana iglesia de San Miguel dando las tres de la madrugada, el joven abandonó precipitadamente la casa descolgándose por el balcón con la ayuda de su bandolera, no sin antes prometer a la dama que regresaría de nuevo. Y no tardó mucho en hacerlo, pues cuando llegó a palacio, se dio cuenta de que se había dejado el sable olvidado en la casa, por lo que volvió a recogerlo. Sin embargo, no pudo encontrar la casa porque en su lugar había un viejo caserón abandonado. Aun así, forzó la puerta y subió hasta el dormitorio, desvencijado y lleno de telarañas. Allí, al pie de lo que fue una cama, encontró su sable. Salió a la calle sorprendido y preguntó a un hombre que por allí pasaba por la dueña de la casa. El hombre le explicó que la casa había pertenecido a una noble dama muerta en extrañas circunstancias y que desde entonces permanecía cerrada. El oficial, sin comprender bien lo que ocurría, se dirigió a la iglesia de San Sebastián, y después de dejar su sable y su bandolera a los pies de la imagen del Cristo de la Fe, tomó los hábitos. Ésta es la preciosa leyenda que explica por qué un oficial de Corps no acudió a su turno de guardia.

La dama que se paseaba por un tejado

Anteriormente comenté que la casa de las Siete Chimeneas fue asaltada durante el famoso motín de Esquilache. Sin embargo, lo curioso y misterioso de esta casa es su nombre y ¡cómo no!, su leyenda. Diré primero que el nombre parece que procede de las primitivas siete chimeneas que coronaban la casa, que, a pesar de las sucesivas transformaciones, aún conserva. En cuanto a la leyenda, cuenta que la casa fue mandada construir por un montero real quien se la regaló a su hija recién casada. A mediados del siglo XVI el marido recibió la orden de partir a Flandes donde murió en combate. Su viuda, al poco tiempo de recibir la noticia, apareció muerta en su lecho en extrañas circunstancias. A partir de entonces la casa fue pasando por diferentes dueños, entre ellos don Gaspar de Guzmán y Pimentel, Rivera y Velasco y de Tovar, más conocido por el conde duque de Olivares, así como otro inquilino no menos famoso, el marqués de Esquilache. Hasta aquí los hechos ciertos, pero lo que ya forma parte de la leyenda es que se afirmaba que ciertas noches, una mujer, con el pelo suelto y una antorcha en la mano, se paseaba por el tejado de la casa, y que de rodillas y santiguándose, se golpeaba el pecho repetidas veces hasta que desaparecía.

Y la leyenda continúa hasta nuestros días. Hace pocos años, durante las obras de acondicionamiento del edificio para el Banco de Castilla, en su sótano apareció el esqueleto de una mujer, que tenía junto a sí, unas monedas de la época de Felipe II.

Otra leyenda parecida cuenta que la casa fue construida por orden de Felipe II o alguno de sus cortesanos para residencia de una de sus favoritas. Por eso, remató la casa con siete chimeneas, tal vez para recordar los siete pecados capitales. La mujer murió de una forma un tanto misteriosa, lo que dio origen a la leyenda de que se paseaba por el tejado cada noche, deteniéndose unos instantes en cada una de las chimeneas. Esta leyenda termina como la primera, con el esqueleto y las monedas del siglo XVI encontrados en los sótanos. Leyendas aparte, el edificio es hoy sede del ministerio de Cultura* (ver Casa de las Siete Chimeneas).

Luis Candelas

¿Quién no ha oído hablar de nuestro legendario Luis Candelas? Es el Curro Jiménez madrileño. Luis Candelas Cajigal nació en 1805 o 1806, en el castizo barrio de Lavapiés. Aunque concretamente se dice que nació en la calle del Calvario, esto no está comprobado. A pesar de ser hijo de un carpintero, aprendió buenos modales y gustaba vestir las camisas y ropas más caras de Madrid, así como comer los mejores guisos, no regateando nunca.

Como no tenía ni un triste real y le gustaba la vida fácil, en 1835 formó una cuadrilla que se reunía en una taberna de la calle Jacometrezo conocida por el «Traganiños». Aquí planeaba sus golpes y repartía los botines obtenidos. Tanto del bandido como de sus delitos se han inventado infinidad de folletines más o menos bonitos y tiernos que falsean la realidad. Hay que reconocer en su defensa, que todas sus fechorías las hizo con grandes dosis de ingenio y humor, pues sustituía la mayoría de las veces la intimidación con el engaño y la sorpresa.

Pero como todo el que actúa al margen de la ley, fue perseguido y atrapado varias veces. La última fue apresado por amor porque, tras fugarse a Gijón con intención de ir a Londres junto con María, su juvenil amor de diecisiete años, regresó a Madrid ya que ésta no quería salir de España. En una posada situada entre Olmedo y Valladolid fue cogido mientras dormía y tras un juicio, condenado a morir por garrote vil.

«La máxima que rige mi conducta es la siguiente: el dinero está mal repartido y no es justo que mientras unos arrastran el coche, los demás vayan por el lodo. Así pues, los que nivelamos las fortunas sin matar ni hacer daño ejercemos una industria pacífica que hacen mal en perseguir». «El que esto expone, Señora, es acaso el primero de su clase que no acude a vuestra Majestad con las manos ensangrentadas, la fatalidad le condujo a robar, pero no ha muerto, herido ni maltratado nunca a nadie». A pesar de que con estas palabras pedía clemencia a la reina María Cristina, su petición fue denegada siendo ejecutado el 6 de noviembre de 1837, acusado de varios robos y asaltos.

La ejecución se llevó a cabo en la plaza de la Cebada, aunque hay algunos autores que afirman que fue en la Puerta de Toledo y otros que en el llamado Campo de Guardias. «He sido pecador como hombre, pero nunca se mancharon mis manos con la sangre de mis semejantes. Digo esto porque me oye el que va a recibirme en sus brazos. ¡Adiós Patria mía, sé feliz!». Con estas palabras se despedía mientras comenzaba a rezar un credo que no terminó. Así acabó sus días Luis Candelas Cajigal, el bandido de Madrid. Como dato curioso de este hombre que supo morir con orgullo, es que siempre firmó Cajigal como segundo apellido, siendo a su vez el segundo de su madre que se llamaba María Bigala Cajigal.

ESTABLECIMIENTOS TRADICIONALES MADRILEÑOS

Todavía quedan en Madrid tiendas cuyas fachadas y escaparates llaman la atención por su belleza y antigüedad, muchas de las cuales han sido perfectamente descritas por Benito Pérez Galdós en sus novelas. La Cámara Oficial de Comercio e Industria de Madrid concede el título de «Establecimiento Tradicional Madrileño» a aquellas tiendas cuya fundación «sea anterior a 1900 manteniendo el ambiente en que fueron creados, transmisión familiar del negocio en un mínimo de tres generaciones, fidelidad en la fabricación o venta de un mismo producto, o la conservación de los valores estéticos ornamentales». Los expertos opinan que puede haber unos dos mil establecimientos que cumplan estas condiciones, aunque hay unos cuatrocientos de principios de siglo que se han mantenido intactos desde su inauguración.

DOÑA PEPITA

La calle Libreros se caracteriza por lo que su nombre indica, por los libreros, especializados todos en la compra-venta de libros usados. La mayoría de los que regentan las librerías aquí establecidas son descendientes o antiguos dependientes de doña Pepita. ¿Y quién fue doña Pepita? se preguntarán. Doña Pepita fue la creadora de un nuevo sistema de compra-venta de libros usados o de segunda mano. Esta buena mujer se estableció a finales del siglo XIX en la calle Jacometrezo, en una pequeña librería, que estuvo aproximadamente, donde hoy está la pantalla del cine Capitol. Cuando el inmueble fue expropiado para la construcción de la Gran Vía, se marchó a la cercana calle de Ceres, hoy Libreros. En el número 8 de esta calle abrió su librería Enrique, nieto de doña Pepita. A su vez, antiguos empleados abrieron sus propias tiendas con diversos nombres: La Casa de Troya, Doña Felipa, La Fortuna y Felisa (hoy sólo Fortuna), La Merced (con miembros de la tercera generación de dependientes de La Casa de Troya), y más recientemente Berber, abierta a principios de los ochenta por descendientes y familiares de los dueños de La Casa de Troya.

JARDINERO MAYOR

Es el título que recibió Cecilio Rodríguez al cumplir sus 75 años al servicio de la jardinería municipal, bajo cincuenta y cinco alcaldes. Cecilio Rodríguez nació en Valladolid en 1865 y murió en Madrid en 1953. Tres años antes de su muerte, el 15 de abril de 1950, fue homenajeado y obsequiado con 30.000 tulipanes procedentes de Holanda que fueron sembrados en el Retiro, en la Puerta de Alcalá y en la plaza de Colón. Esto de los tulipanes por toda la ciudad es una costumbre que se mantiene. El alcalde Enrique Tierno, haciendo un poco de jardinero, se ponía todos los años muy «tierno» mandando que se plantaran miles y miles de tulipanes por todo Madrid, que en primavera brotaban vistiendo la Villa y Corte de múltiples colores. Tanto le gustaban, que los holandeses, en 1986, crearon una nueva variedad de tulipán, de color rojo oscuro, que en honor al alcalde desaparecido, fue bautizado con el nombre de Enrique Tierno. En cuanto a nuestro jardinero mayor, dejó tan buen recuerdo entre los madrileños, que los jardines que han sustituido al antiguo zoológico del Retiro, reciben hoy el nombre de Jardines de Cecilio Rodríguez.

Apariciones en las Vistillas

Las leyendas forman parte de la historia de una ciudad. Madrid posee leyendas por todos los rincones, incluyendo las Vistillas. Se dice que hacia 1886, un aldeano afirmaba que desde aquí y a ciertas horas de la noche, se podía ver a la Virgen que con San Pedro y San Juan a cada lado y, seguidos por una comitiva celestial, descendían del cielo dirigiéndose al Campo del Moro. La noticia corrió de boca en boca como reguero de pólvora, haciendo que todos los días se congregaran miles de personas en la pequeña plaza de las Vistillas para ver a la Virgen y pedirle toda clase de milagros. No se tiene conocimiento de ningún hecho milagroso, ni de si se volvió a ver o no a la Virgen.

El Observatorio Astronómico

Nació como sugerencia del marino Jorge Juan al rey Carlos III, a quien le gustó la idea y encargó el proyecto a Juan de Villanueva. Sin embargo, las obras no comenzaron hasta 1790, siendo ya rey su hijo Carlos IV. Aunque el lugar elegido por el monarca fue un sitio elevado junto a la ermita de San Blas, algo apartado de la ciudad, el arquitecto prefirió el cerrillo donde estaba situada dicha ermita. Por ello, la ermita fue derribada junto a un juego de pelota que había adosado a una de sus paredes exteriores. Frente al observatorio se construyó una ermita similar. Posteriormente fueron adquiridos varios telescopios para el observatorio, que, desgraciadamente, fueron destruidos por las topas de Napoleón durante la guerra de la Independencia. En 1846 terminó su reconstrucción y sigue funcionando hasta hoy, aunque debido a la escasa visibilidad que existe desde Madrid, el observatorio ha sido trasladado a la provincia de Guadalajara, destinando el edificio madrileño a centro de investigación astronómica.

LA IGLESIA DE LAS «CHINCHES»

Todos los vecinos, sin excepción, del barrio de Lavapiés saben que la iglesia de San Lorenzo, parroquia del barrio, popularmente se le ha llamado la iglesia de las «chinches» por la cantidad de niños que allí se bautizaban, que eran tantos como chinches. La primitiva iglesia se construyó en 1662 sobre una antigua sinagoga judía. Tras sufrir un incendio en 1851, fue restaurada sufriendo otro incendio que la destruyó por completo en 1936. La actual iglesia es de reciente construcción pero de muy antigua devoción.

UNA CIUDAD UNIVERSITARIA PARA MADRID

En 1927 se cumplía el aniversario de las bodas de plata de Alfonso XIII con el trono. Como homenaje le fue presentado el proyecto de construcción de una ciudad universitaria que albergara los edificios destinados a estudios universitarios. La idea de su creación se la proporcionó don Florestán Aguilar, su dentista, quien, gracias a unos cursos que había seguido en Estados Unidos, tuvo la oportunidad de ver varias ciudades universitarias. Al rey le gustó tanto la idea que quiso que ese homenaje revirtiera en la construcción del conjunto. Se eligió para ello la zona noroeste de Madrid, aprovechando algunos terrenos de la finca de la Moncloa cedidos por el rey, donde estaban situados la Escuela de Ingenieros Agrónomos, el palacio de la Moncloa y la llamada Casa de Velázquez. El 25 de julio de 1928 se realizó un sorteo de lotería a beneficio de la futura Ciudad Universitaria, en el que se obtuvo parte del dinero, que, junto con las donaciones particulares y del propio rey, hicieron posible el inicio de la construcción. Las obras se iniciaron en 1929 y, aunque en 1936 estaban casi terminadas, quedaron paralizadas por la guerra civil. Durante la contienda, este lugar sufrió los estragos de ser línea de frente, por ello, el conjunto tuvo que ser restaurado en los años cuarenta.

La anécdota la constituye una excavadora americana que se utilizó por primera vez en España y que, a juicio del entonces ministro de Obras Públicas, Indalecio Prieto, causaba un grave problema, porque declaraba que la máquina quitaba el trabajo de doscientas manos de obra, con el consiguiente aumento del paro de trabajadores. A pesar de ello, la excavadora siguió con su trabajo de vaivén, provocando un gran asombro entre los madrileños de aquellos años, contándose entre ellos, el mismísimo Alfonso XIII, quien se acercaba algunos días a contemplar el espectáculo gratuito que ofrecía la máquina.

Los «viajes» de San Isidro

El cuerpo de nuestro santo patrón, Isidro, se halla incorrupto hasta la fecha. Fue enterrado en 1172 en el cementerio de la parroquia de San Andrés. Cuando en 1212 fue exhumado por primera vez, el cuerpo apareció en perfecto estado, por lo que se decidió trasladarlo al interior de la iglesia. Posteriormente fue colocado en un arca de madera recubierta de pinturas alusivas a su vida. Fue un regalo que hizo Alfonso VIII quien, al ver el cuerpo incorrupto del santo, creyó reconocer al misterioso pastor que le condujo junto con su ejército a través de Sierra Morena, obteniendo la victoria sobre los árabes en la batalla de las Navas de Tolosa.

El cuerpo del santo ha sido sacado numerosas veces del lugar donde reposa por diversos motivos. En 1381, Enrique II y su esposa visitaron al santo y, ¡mire usted por dónde!, la reina se llevó un brazo del santo. Pero de nada le sirvió porque quedó paralizada y la reina entendió que tenía que devolverlo. Y así lo hizo. Más tarde, una dama de Isabel la Católica, le arrancó el dedo segundo del pie izquierdo al besarlo, ocurriendo de nuevo la misma parálisis. La gente empeñada en llevarse trozos del santo, y éste, paralizándola como medida de arrepentimiento.

En 1535, el patrón fue trasladado a la Capilla del Obispo, situada junto a la parroquia de San Andrés, pero entre el párroco y el capellán surgieron algunas discrepancias por lo que veinticinco años más tarde volvió a la parroquia, tapiándose la comunicación entre los dos templos.

En 1614, año de su beatificación, Felipe III, enfermo de gravedad en Casarrubios del Monte, pidió que le llevaran el cuerpo del santo, cumpliéndose su deseo.

Cuando sanó, tanto el rey como San Isidro, volvieron a Madrid. Nuestro patrón fue canonizado en 1622 y el gremio de plateros, para celebrarlo, regaló una urna con una dedicatoria de Lope de Vega. Pero aquí no terminan los «viajes» del santo. En 1669 se construyó dentro de la propia parroquia de San Andrés una capilla dedicada a albergar el cuerpo del santo. Cien años más tarde, los cuerpos de San Isidro y su mujer, Santa María de la Cabeza, fueron trasladados definitivamente a la catedral de San Isidro, donde hoy permanecen.

Más recientemente, el 16 de mayo de 1896, el cuerpo del patrón salió en procesión para pedir lluvia. Cuando la procesión llegaba a la iglesia, comenzó a llover. El 28 de mayo de 1922 volvió a salir San Isidro con motivo del tercer centenario de su canonización. En 1947, ante la escasez de lluvias... San Isidro vale para todo.

CUERPOS INCORRUPTOS

Pero el cuerpo de San Isidro no es el único incorrupto, al menos en 1629, año en que Jerónimo de Quintana escribió sus *Grandezas de Madrid*, ya apuntaba que en Madrid se conservaban incorruptos entre cuerpos y cabezas un total de 170 (122 cabezas y 48 cuerpos). ¡Casi nada! El reparto se hacía de la siguiente manera: veinticinco cuerpos de santos canonizados (además de San Isidro y San Francisco de Borja, entre otros; uno y medio de los Santos Niños Inocentes); diecisiete cuerpos incorruptos que no estaban beatificados entonces (sor María de Santa Ana, la emperatriz doña María de Austria, hija de Carlos V, doña Berenguela, hija de Alfonso X el Sabio, la Madre Mariana de Jesús, etc.); seis más en proceso de beatificación entonces (fray Juan

Hurtado, el hermano Francisco de Alcalá); noventa y nueve cabezas de once mil vírgenes (de las que cincuenta se hallaban en el convento de las Descalzas, tres en el de la Concepción, catorce en el de Santo Domingo... así, hasta completar las noventa y nueve que decía Quintana); y veintitrés cabezas más de santos (San Melquiades, San Fermín, Santa Inés, etc.). Que se sepa, no existe un censo actualizado.

EL RÍO EN PIE

El Canal de Isabel II se inauguró el 24 de junio de 1858 a las la ocho y media de la tarde con una fuente que se colocó para tal evento en la calle San Bernardo, frente a la iglesia de Montserrat, y cuyo surtidor medía 31 metros de altura. En la construcción del canal trabajaron 1.500 presos que rebajaban así sus penas, 200 obreros libres, 400 animales de carga y 4 bombas de vapor. Se llamó Canal de Isabel II en honor a la reina y traía las aguas del río Lozoya hasta Madrid a lo largo de 77 kilómetros, siendo almacenadas en un depósito subterráneo construido bajo el antiguo Campo de Guardias, en la calle Bravo Murillo. Se cuenta que en el momento en el que el surtidor lanzó el agua por primera vez, el político José de Posada Herrera, que estaba junto a la reina en la tribuna observándolo, comentó: «Señora, hemos tenido la suerte de ver un río ponerse en pie». La misma anécdota se le atribuye también al novelista Manuel Fernández y González, quien en el mismo lugar, exclamó: «¡Oh, maravilla de la civilización! ¡Poner los ríos en pie!».

Otra anécdota de este día de la inauguración oficial del Canal de Isabel II la produjo su propio promotor y creador, Juan Bravo Murillo, quien tuvo que asistir confundido entre el público porque no había recibido invitación oficial al acto. En cuanto a la fuente, se desmontó a los pocos días, porque sólo se levantó para la inauguración. Posteriormente fue trasladada a la Puerta del Sol, de aquí pasó a la glorieta de Cuatro Caminos y finalmente a la entrada principal de la Casa de Campo (por el Puente del Rey), donde permanece en la actualidad.

El Campo de Guardias

El Campo de Guardias antes mencionado, era una explanada a las afueras del norte de la ciudad, el cual se extendía entre los cementerios de la Patriarcal (donde hoy está el Parque Móvil Ministerial) y de San Martín (sobre el que se ha construido el estadio Vallehermoso). Se llamaba así por los guardias que custodiaban un polvorín que había aquí y que fue volado en 1843 por las tropas del general Narváez. En este lugar era donde se llevaban a cabo las ejecuciones públicas cuando fueron trasladadas de la plaza de la Cebada. Aquí fueron ajusticiados los que atentaron contra las vidas de Isabel II —el famoso cura Merino— y Alfonso XII.

La calle de Islas Filipinas

¿Sabían que la calle de Islas Filipinas se llama tan sólo avenida de Filipinas? ¿Qué no se lo creen? Pues en todas las placas de la vía así figura. La misma sorpresa me llevé yo que de siempre la he conocido por Islas Filipinas.

Conventos fundados por los Austrias

Los tres Felipes de la Casa de Austria parece que no tuvieron otro oficio que el de fundar conventos en Madrid. Felipe II fundó diecisiete, su hijo Felipe III, catorce y su nieto Felipe IV, otros diecisiete. En total cuarenta y ocho conventos en ciento nueve años, a una media de medio convento por año, repartidos en una ciudad que por el Norte llegaba hasta la glorieta de Bilbao, por el Sur hasta la ronda de Atocha, por el Este hasta la Puerta de Alcalá y por el Oeste hasta la calle Ventura Rodríguez.

El Manzanares, yacimiento arqueológico

A pesar de haber recibido infinidad de burlas por sus escasas aguas, el río Manzanares ha sido un yacimiento muy rico de restos arqueológicos, dando nombre a una etapa de la prehistoria madrileña, conocida por periodo isidrense, al cual pertenecen los restos de la edad de piedra de Madrid.

Orígenes de Madrid

Remontándonos a la prehistoria, no es difícil imaginar el origen de Madrid. Tenía —y tiene— un río que daba agua y alimento en abundancia, así como bosque por doquier que proporcionaba caza. Los entendidos sitúan los primeros asentamientos humanos junto al Manzanares, cercanos al Puente de Segovia en la margen derecha. La calle Segovia por aquellos tiempos era un vallejo entre dos colinas por donde discurría un arroyo.

En este lugar se calcula que posteriormente hubo un poblado visigodo.

ORIGEN DEL NOMBRE DE MADRID

Una de las teorías del origen del nombre de Madrid defiende que procede de Mayrit, que significa en árabe lugar de arroyo madre, refiriéndose probablemente al arroyo que discurría por la actual calle Segovia. Según otros, el nombre procede de los romanos. Parece ser que primero se llamó Mantua derivando en Maiorito, Magerito, Mayoritum, Majeritum, Majaeritum, Mageritum, Magericum, Magerit, Madritum, Maidrit, Madrit y Madrid.

EL MONUMENTO QUE NO LLEGÓ A PONERSE EN SU PRIMER EMPLAZAMIENTO

La estatua ecuestre del general Franco, situada frente a los Nuevos Ministerios, se realizó pensando que fuera colocada frente al Arco de la Victoria, mirando hacia el Valle de los Caídos, pero el día que se levantó el pedestal que sustentaría la escultura, Franco dio orden de retirarla, influido quizá por los enfrentamientos producidos en días pasados entre estudiantes de la cercana universidad y las fuerzas del orden público.

EL CASÓN Y EL CICLÓN

El Casón del Retiro, como dije anteriormente, formaba parte del palacio del Buen Retiro. En un principio, el Casón (que no se llamaba así), fue destinado a salón de recepciones diplomáticas. Pasó luego a ser gimnasio y picadero e incluso salón de baile. En 1886 la fachada oeste fue derribada, ¡nada menos que por un ciclón!, siendo reconstruida posteriormente. En la actualidad forma parte del Museo del Prado.

La habitación de Manolete

El Hotel Victoria —antiguamente Reina Victoria—, en la plaza de Santa Ana, con el tiempo se convirtió en hotel taurino. Aunque en la actualidad ha perdido esta tradición, el hotel sigue conservando aún intacta la habitación de Manolete.

Mesones, posadas, hosterías y albergues

Y hablando de hoteles, hasta la creación de éstos, las clases de hospedaje que había en Madrid se dividían en: mesones, frecuentados por los tratantes, donde se daba de comer también a los animales; posadas, que tenían más distinción y donde se alojaban caballeros que no gozaban de buena situación; hosterías, destinadas a aristócratas y por último, albergues, para las clases inferiores.

Origen del nombre del Rastro

El curioso nombre del Rastro está relacionado con la calle, llamada Ribera de Curtidores. En este lugar se situaron los curtidores de pieles por su cercanía al matadero que estaba en la plaza del General Vara de Rey. Los despojos de los animales sacrificados eran arrastrados fuera del matadero, dejando tras de sí un «rastro» de sangre. Actualmente, el término Rastro, con mayúscula, equivale a mercadillo de objetos de toda clase y generalmente de segunda mano, que nada tiene que ver con aquel rastro del matadero. Se desconoce cuando se pasó del mercado de venta de carne al mercadillo actual.

CASAS A LA MALICIA

Durante siglos, la gran mayoría de las casas de Madrid, salvo los pisos de la Plaza Mayor, tenían tan sólo una planta. La culpa, por así decirlo, la tuvo Felipe II, quien, al trasladar la Corte a Madrid, estableció por primera vez una ley que duró hasta 1860 y que obligaba a los habitantes de la ciudad a alojar en sus casas a los miembros de la Corte, para solucionar así el problema del alojamiento de embajadores, servidores, funcionarios, etcétera... Para esto, creó una carga llamada «regalía de aposento» que obligaba a los propietarios de casas de más de un piso a ceder las demás plantas, de forma gratuita, a dichos miembros de la Corte. En consecuencia, los madrileños comenzaron a construir casas de una sola planta, para no cumplir con esta obligación. Las casas de dos pisos se camuflaban en caso de inspección, destinando aparentemente la planta baja a establos, la primera a viviendas y la segunda a desván, aunque en la realidad se utilizaban todas las estancias para vivir. Estas casas eran llamadas de «incómoda repartición» y que la picaresca madrileña, que tantas veces aflora, bautizó como «casas a la malicia» porque maliciosamente se buscaba la forma de eludir el impuesto. Pero además, había otro motivo. El primer piso pertenecía al rey, el cual, podía venderlo a quien quisiera. Si el dueño tenía dinero, se lo compraba al rey pero si no lo tenía, era preferible construir una casa con una sóla planta. Se calcula que a principios del siglo XVI había en Madrid unas mil «casas a la malicia», provocando un problema de superpoblación dentro de un espacio reducido que estaba limitado por una cerca circular.

La morería

Los moriscos o madrileños de origen árabe, en este caso, que quisieron mantener sus tradiciones, se establecieron en el cerro de las Vistillas, surgiendo en la zona calles llenas de talleres y pequeños comercios, «creando —como afirma la Cámara de Comercio en su obra *Establecimientos Tradicionales Madrileños*— un barrio de tan hondo contenido y fuerza que ha llegado a perdurar a través de los siglos con su propio nombre: la Morería». En este barrio aparecieron los primeros establecimientos y talleres de Madrid, situados en las plazas de Puerta de Moros, Humilladero, Cebada, así como en las calles Alamillo y Morería, entre otros.

La Virgen de Atocha, consejera matrimonial

Antigua es la costumbre de los madrileños de encomendarse a la Virgen de Atocha antes de casarse. El origen parece ser que procede de San Isidro, quien, antes de contraer matrimonio con Santa María de la

Cabeza, pidió consejo a la virgen sobre su futuro matrimonio. Buen consejo debió recibir puesto que se casaron y llegaron a ser santos los dos junto con su único hijo, que como ya dije en otra ocasión, constituyen la única familia de santos del santoral.

Típico madrileño

¿A qué llamamos típico madrileño? Es curioso que la mayor parte de lo que consideramos típico madrileño sea importado, tal es el caso del famoso mantón de manila, recuperado en las fiestas y verbenas, cuya procedencia es China. El organillo, con su peculiar sonido, procede de Nápoles, y ¿el chotis?, su origen parece ser el schotis o baile escocés. Sigamos, la kermesse es un festejo de los Países Bajos; las acacias, tan abundantes en las calles de Madrid, proceden de Estados Unidos y por último, uno de nuestros símbolos más típicos, la Cibeles, es una diosa frigia.

Una provisionalidad de dieciocho años

El desmontado escalextric de Atocha, fue instalado provisionalmente a modo de experimento. Esta provisionalidad duró casi dieciocho años, desde aquel 18 de julio de 1968, en que fue inaugurado por el entonces alcalde Carlos Arias Navarro. El 19 de abril de 1986, a punto de cumplir su mayoría de edad, fue desmontado el último tramo que aún quedaba en pie, operación que había comenzado un año antes. Atocha se ha lavado la cara después de tantos años para recuperar su aspecto primitivo.

ORIGEN DEL NOMBRE DE LA PUERTA DEL ÁNGEL

La Puerta del Ángel debe su nombre a una de las puertas de acceso a la Casa de Campo que conducía a la ermita del Santo Ángel de la Guarda. Esta ermita fue construida por el Cuerpo de Maceros del Ayuntamiento en 1605 para guardar la imagen del Ángel de la Guarda que había permanecido en la Puerta de Guadalajara hasta que fue destruida por un incendio. La ermita desapareció a mediados del siglo XVIII permaneciendo en la toponimia hasta hoy el nombre de la Puerta del Ángel, convertida con el tiempo en una plaza.

LOS PUBS

Aparecieron a mediados de los años sesenta, primeramente en el mal llamado barrio de Malasaña —Maravillas es su verdadero nombre— poniendo de moda esta zona entre los jóvenes. A partir de 1977 los pubs se extendieron por las calles de Huertas, Santa María y Fúcar, principales vías del llamado barrio de los Literatos, instalándose la mayoría de ellos en antiguos locales de alimentación que fueron cerrando poco a poco. En los años ochenta la fiebre de los pubs se extendió a otras zonas como Orense, Argüelles, Clara del Rey... abundando ya por todo Madrid.

FÁBRICAS DE CERVEZA EN EL SIGLO PASADO

Los madrileños son grandes consumidores de cerveza, bebida de origen alemán. Ha sido y es tal la afición que ya a mediados del siglo pasado existían, sólo en la ciudad, hasta seis fábricas de cervezas: Libertad, Santa Bárbara, Bastero, Leganitos, Universidad y la Real Fábrica de Lavapiés, siendo la más antigua esta última. Muchas fábricas para una ciudad que con una población que no llegaba a los 300.000 habitantes, se extendía, como ya he dicho en otras ocasiones, desde la glorieta de Bilbao hasta la ronda de Atocha, de Norte a Sur, y de Este a Oeste desde la Puerta de Alcalá hasta la calle de Ventura Rodríguez.

La devoción de los madrileños a la Virgen

Si hay algo que destacar entre los madrileños es su gran devoción por la virgen. A mediados del siglo XVI, según Jerónimo de Quintana, había en Madrid setenta y tres templos (entre parroquias, conventos, hospitales, etc.), de los cuales, treinta y cuatro estaban dedicados a la virgen y nueve a la Purísima Concepción, todo esto sin contar el innumerable número de capillas y altares así como las dos y hasta tres imágenes que cada casa tenía. No es de extrañar que ya entonces se dijera que ¡en Madrid había más imágenes de la virgen que en todo el reino de Toledo!

Alojerías, botillerías y cafés

Hoy en día tenemos bares, cafeterías, pubs, cafés y demás establecimientos donde acudir para saciar la sed, entre otras muchas cosas. Pero estos locales son modernos, antiguamente no existían y a los únicos sitios donde se podía ir en caso de sed eran las llamadas alojerías, locales donde se servía una sóla bebida, el alojo. Ésta consistía en mezclar agua con miel y especias, servidas en tazones de cristal con asas. Estos establecimientos se reconocían por tener a la puerta una bandera blanca con una franja roja cruzada, distintivo que procedía de las tiendas de los campamentos cristianos, donde se repartía esta bebida a los soldados con fines curativos.

En el siglo XVIII y conviviendo simultáneamente con las alojerías surgieron las botillerías, cuya fama la alcanzaron en el siglo pasado. Las botillerías eran lugares donde se podía consumir helados y algunas conservas. Como no servían café comenzaron a decaer a partir de 1808 siendo sustituidos por los cafés, que ya habían hecho su aparición a finales del siglo XVIII. Las alojerías desaparecieron entre 1835 y 1838 y las botillerías entre 1846 y 1848.

PARA NOSTÁLGICOS

El último farol de gas que quedaba en Madrid en 1972 estaba situado en Prosperidad, en la plaza del Sagrado Corazón de Jesús, antigua plaza de José Piernas, más conocida por sus vecinos como plaza de «Pepe Patas» y originariamente plaza de Moret. En dicho año el farol fue sustituido por una farola eléctrica.

BREVE HISTORIA DEL ALUMBRADO PÚBLICO

Y se hizo la luz con Felipe II. Hasta el reinado de dicho rey, los habitantes de la Villa y Corte procuraban no salir de sus casas durante la noche más que lo estrictamente necesario. El motivo no era otro que la oscuridad total y absoluta que reinaba en la ciudad al caer el sol. Fue precisamente Felipe II quien obligó a los moradores de la futura capital de España a encender, limpiar y conservar las farolas de aceite en las fachadas. Éstos son los comienzos del alumbrado público. Pero esta norma no se cumplía siempre. Con los reyes menos preocupados por la ciudad, la norma era olvidada, permaneciendo las calles oscuras, y por consiguiente, peligrosas. Carlos III mantuvo la costumbre de iluminar las calles a rajatabla, en cambio, su hijo Carlos IV, fue menos estricto.

Por fin, en 1832 llegó el alumbrado de gas utilizándose por primera vez para conmemorar el nacimiento de la infanta María Luisa Fernanda, hermana mayor de Isabel II. Para este acontecimiento se iluminó la Puerta del Sol, así como todas las calles que a dicha plaza confluyen, aunque luego el alumbrado quedó reducido al exterior del Palacio Real. Tres años después, el marqués viudo de Pontejos, corregidor de la Villa, ordenó sustituir las 4.770 farolas de candil por 2.410 nuevas de gas, contratando para ello 187 faroleros que tenían a su cargo entre 40 y 44 farolas. Dos datos curiosos: las farolas permanecían encendidas tan sólo hasta las tres de la madrugada y se encendían todas las noches salvo las que hubiera claridad por la luna, que se calculaban unas sesenta y siete al año. Muy ahorrativos.

LA CIBELES HA PERDIDO EL ARTÍCULO

La castiza plaza de la Cibeles, conocida así popularmente, se llamó oficialmente plaza de Madrid. En 1900 recibió el nombre de plaza de Emilio Castelar y después de la guerra civil recobró su popular y castizo nombre de la Cibeles, aunque en la actualidad ha desaparecido en su rotulación el artículo, figurando plaza de Cibeles.

BREVE HISTORIA DE LA CIBELES

Y sigo con la Cibeles. El primer destino que se proyectó para esta famosísima fuente fue La Granja. Cuando en 1777 comenzaron las obras de tallado de la diosa Cibeles, se pensó instalar la fuente en los jardines del palacio de La Granja, pero una vez concluida la escultura en 1792, fue colocada en la plaza donde hoy está, aunque no tan centrada, sino más cerca del palacio de Buenavista (hoy Cuartel General del Ejército) y mirando hacia la de Neptuno, centrándola a su emplazamiento actual a principios del siglo XX. Para terminar, los angelitos o «amorcillos» situados en la parte posterior que arrojan agua desde un cántaro, son posteriores, pues fueron añadidos en 1895.

UNA TRADICIÓN YA PERDIDA Y OTRA RESCATADA

El «rey de los cochinos» era una costumbre madrileña de coronar a un cerdo en una carrera. Se celebraba en el cerrillo de San Blas (donde hoy está el Observatorio Astronómico) cada 17 de enero, festividad de San Antón. El cerdo ganador era llevado en solemne procesión hasta la ermita de San Antonio, que entonces estaba en el Retiro, en la glorieta del Ángel Caído. Aquí, junto con todo tipo de animales y bestias, recibía la bendición de los frailes. Todo terminaba en una auténtica fiesta de comida y bebida. Cuando la ermita fue derribada, la costumbre de coronar a un cerdo se perdió y la otra, la de bendecir los animales se mantuvo en la iglesia de San Antón, situada en la calle Hortaleza. Esta fiesta, medio pagana, medio cristiana, duró hasta 1740 en que fue prohibida siendo rescatada recientemente. Para ello, se corta la calle Hortaleza al tráfico, y así, todos los que quieran, pueden llevar sus animales a ser bendecidos. Perros, gatos, canarios, tortugas, peces y algún que otro cordero, loro o cacatúa, todos sin excepción, pueden ir, pues ya dice el dicho popular: «En San Antón, la gallina pon».

Origen del nombre del barrio de Santiago

El barrio de Santiago, situado en torno a la parroquia del mismo nombre, se llama así por los caballeros de la Orden de Santiago que, al mando de Alfonso VI, reconquistaron Madrid entrando por esta zona de la ciudad. Del barrio apenas queda nada, tan sólo el nombre en una calle, en una plaza y en una iglesia. La mayoría del barrio fue derribado y transformado por orden de José I. Se dice que a esta parroquia acudían los arrianos siendo convertida en iglesia católica en tiempos de Recaredo* (ver Iglesia de Santiago).

Un recuerdo para Velázquez

La plaza de los Ramales se construyó en el solar de otra parroquia derribada, la de San Juan. Fue fundada —según se cree— en tiempos de la dominación romana. Si ya es lamentable que fuera derribada una de las parroquias más antiguas de Madrid, doblemente lo es porque aquí fue enterrado Velázquez, el más universal de nuestros pintores. Sus restos, junto con la lápida que señalaba el lugar del enterramiento, desaparecieron al ser derribada la iglesia. La columna que actualmente se levanta en el centro de la plaza recuerda que en algún lugar de la misma se encuentran los restos del pintor sevillano. ¡Hay cosas que claman al cielo!

UNA LAMENTABLE TRADICIÓN

¡Y los restos de Velázquez no son los únicos que se han perdido! Desgraciadamente hay más casos, pues en Madrid, inexplicablemente, se han perdido los de ¡Lope de Vega!, ¡Calderón de la Barca! y ¡Cervantes! Pero vayamos por orden cronológico. Cervantes fue enterrado en 1616 en el convento de las Trinitarias, de la calle Lope de Vega, desconociéndose en la actualidad el lugar exacto. En cuanto a Lope de Vega, que recibió cristiana sepultura en 1635 en la iglesia de San Sebastián de la calle Atocha, se ha comprobado que sus restos desaparecieron entre 1654 y 1658, al ser trasladados para enterrar en su lugar a la hermana del entonces párroco de la iglesia. ¿Y qué pasó a partir de este momento? se preguntarán. Nunca más se supo. Por último, los restos de Calderón de la Barca sufrieron varios traslados antes de perderse definitivamente. Cuando murió en 1681 fue enterrado en la parroquia del Salvador, hasta que al ser demolida la iglesia fue trasladado al cementerio de la Sacramental de San Nicolás (en la calle de Méndez Álvaro). En 1869 los restos fueron trasladados al proyectado Panteón Nacional, en la iglesia de San Francisco el Grande. Como este panteón no se terminó de construir, en 1874 volvieron al citado cementerio y de allí se llevaron al hospital de San Pedro de los Naturales, en la calle de la Torrecilla del Leal. Posteriormente, los restos fueron trasladados al nuevo edificio de la Congregación de los Sacerdotes Naturales, en la iglesia de los Dolores, situada en la calle San Bernardo. Mas ¡ay!, durante la guerra civil desaparecieron los archivos donde figuraba el lugar de reposo de Calderón. Así, en la actualidad, no se sabe si siguen ahí o no. El párroco de la iglesia de los Dolores afirmaba que seguían en ella y que sabía incluso el lugar exacto donde permanecían. Una vez que el párroco se puso enfermo, prometió revelar el lugar en el cual, según él, se encontraban, pero murió antes de hacerlo. En esta lista de desaparecidos habría que añadir por lo menos también a Juan de Herrera, arquitecto del Escorial, el marino Jorge Juan y el pintor Claudio Coello. Insisto, ¡hay cosas que claman al cielo! De lo que no hay duda es de que Madrid es la ciudad que más muertos ha perdido.

SAN ANTONIO EL GUINDERO

San Antonio, además de ser conocido como el santo casamentero, también se le conoce, aunque menos, como el guindero. La historia viene de antiguo. Se cuenta que subía un hombre por la empinada cuesta de la Vega a lomos de un burro, todo cargado de guindas, cuando el animal, sin motivo aparente, se asustó dejándolas caer por el suelo. El pobre hombre, viendo que la mercancía que llevaba a vender al mercado estaba esparcida por el suelo, quedó desolado y arrodillándose imploró a San Antonio que le ayudase. En esto, levantando la vista vio frente a él un fraile que, sonriéndole, le animaba a que recogieran entre los dos las guindas.

—No te preocupes, buen hombre, enseguida las tendrás de nuevo en las cestas.

Cuando terminaron comprobó con asombro que las frutas estaban mucho más relucientes que antes de caerse al suelo y, en agradecimiento, quiso enviarle una cesta de guindas. El fraile le indicó que le encontraría en la iglesia de San Nicolás. Por la tarde, el hombre fue a la citada iglesia con la prometida cesta de guindas, se arrodilló a rezar en un altar lateral y al levantar la vista hacia el cuadro de San Antonio que tenía enfrente, vio al fraile que esa mañana le había ayudado a recoger sus guindas. El milagro corrió de boca en boca...

Más sobre el Manzanares

Se dice que Alejandro Dumas, cuando estuvo en Madrid, pidió un vaso de agua a un aguador y que después de beber medio vaso, le devolvió el otro medio para que lo arrojara a nuestro pobre río Manzanares, porque según él, le hacía más falta. El autor de *Los tres mosqueteros,* tras un viaje por Madrid, de regreso a París, escribió un libro sobre nuestra ciudad en el que, entre otras cosas, decía: «del río, no hablo, porque por más vueltas que dí, no conseguí verlo nunca».

Una maqueta única

¿Quieren saber cómo era el Madrid de Fernando VII? Recomiendo una visita al Museo Municipal, que recoge la historia de Madrid desde la prehistoria. Una de las joyas conservadas en este lugar es una gran maqueta de Madrid que el coronel de Artillería, don León Gil de

Palacio, realizó en veintitrés meses, entre 1828 y 1830. Sus dimensiones son 5,20 por 3,50 a escala 1.864. Esta maqueta reproduce con toda exactitud y fidelidad todos los edificios, palacios, iglesias, conventos y casas particulares, jardines y fuentes de la ciudad, así como las diferencias de nivel de las calles. Las casas con balcones, ventanas, puertas y buhardillas representan un Madrid rodeado de una cerca al que se accedía a través de doce puertas y portillos. Un Madrid que entonces medía cuatro kilómetros de Norte a Sur por tres kilómetros y medio de Este a Oeste. Un Madrid con huertas, jardines, una plaza de toros junto a a la Puerta de Alcalá, iglesias y conventos (gran parte desaparecidos en la actualidad), incluso ropa tendida a orillas del Manzanares (representado en cristal) y en el que no figura la Gran Vía, construida en el siglo XX. Merece la pena recrearse unos minutos y contemplar cómo los edificios más altos eran las torres y cúpulas de las iglesias y observar el inmenso solar desnudo que había frente al Palacio Real, consecuencia de los derribos de José Bonaparte y que posteriormente sería ocupado por la plaza de Oriente y el Teatro Real, un Madrid... de 1830.

DOS RONDAS FAMOSAS: LA DEL PAN Y HUEVO...

¿Les suena la Ronda del pan y huevo? Es más que probable que no, puesto que hace ya mucho tiempo que no existe. Esta ronda, de nombre tan curioso, tuvo mucha fama en el siglo XVII y era un servicio nocturno de socorro a los mendigos, a los que se les proporcionaba pan y huevos frescos. La idea la pusieron en práctica tres personas: fray Bernardino de Antequera, don Juan Jerónimo Serra y don Pedro de la Vega, quienes en

1615, fundaron la llamada Hermandad del Refugio, para prestar ayuda gratuita a los pobres. Esta Hermandad inventó, además, el servicio de ambulancias con sillas (las camillas no llegarían hasta 1722). También diseñaron unas cajas especiales para enfermos mentales, los cuales eran enviados en ellas hasta Toledo y Zaragoza. Pero sin duda, su servicio más famoso fue el de la ronda del pan y huevo.

...Y LA DEL PECADO MORTAL

Otra ronda, famosa también, fue la del pecado mortal —el nombrecito se las trae— cuya misión era recoger prostitutas y pecadoras por las noches. La historia se remonta a 1622, año en que fue fundado el convento de Santa María Magdalena de la Penitencia, en la calle Hortaleza, más conocido por el convento de las «recogidas», porque aquí se recogían a las mujeres que querían cambiar de vida. Un siglo más tarde, Felipe V creó la Hermandad de Nuestra Señora de la Esperanza y Santo Zelo, dependiente del convento de las «recogidas», cuyos hermanos salían todas las noches a recoger a las mujeres de vida pecadora y conducirlas al convento. Estos hermanos entonaban en sus salidas nocturnas una serie de estrofas, una de las cuales decía: «¡Alma que estás en pecado / si esta noche te murieras / piensa bien adónde fueras!». La ronda fue suprimida en el siglo XIX y en la actualidad, el edificio, tras muchos años de abandono, fue adquirido por la UGT, como sede del sindicato.

Por las mismas fechas hubo otro convento, el de las «arrepentidas», situado en la calle San Leonardo. Su fin era el mismo, pero la diferencia entre ambos conventos era notable. Mientras que en éste último, las mujeres podían marcharse cuando quisieran, del convento de las «recogidas» sólo podían salir para casarse o para ser monjas.

Los lavaderos

Eran casas donde las mujeres iban a lavar la ropa, hasta que se instaló el agua corriente en la mayoría de las casas. Casi todos estaban en las orillas del Manzanares. Las fotografías y grabados antiguos nos muestran un río cuyas orillas están prácticamente cubiertas de ropa tendida junto a dichos lavaderos. En 1876 había un total de ochenta y seis repartidos por el río y la ciudad. Hasta tiempos muy recientes, existió el llamado Lavadero Público de Santa Teresa, en la ronda de Valencia, en el lugar ocupado hoy por las Escuelas de Maestría Industrial e Ingenieros Técnicos Industriales. Y todavía sigue en pleno uso el situado en la calle Mar de Kara, en Hortaleza. De los demás, nada queda.

Origen del nombre de la colonia Ibarrondo

La pequeña colonia Ibarrondo, situada entre la M-30 y la avenida de América, se levanta sobre unas antiguas huertas y melonares propiedad de los condes de Villapadierna. Posteriormente fueron comprados por unos señores apellidados Ibarrondo y Lezcano, que parcelaron los terrenos y los vendieron. Los nombres de sus calles proceden de los primeros habitantes del barrio, quienes se construyeron sus propias casas.

Origen del nombre de la colonia Mahou

Cercana a esta colonia de Ibarrondo se encontraba otra, la llamada colonia Mahou. Debía su nombre al propietario de la fábrica de cervezas de igual denominación y dueño también de los terrenos donde se levantó la colonia. Ésta fue expropiada hace muchos años y una vez que se derribaron las últimas casas en junio de 1985 se construyó en su solar el moderno edificio de IBM, de la avenida de América.

Del Soto de Migas Calientes al Jardín Botánico

Los orígenes del Jardín Botánico se sitúan en un lugar con un nombre de lo más curioso, el llamado Soto de Migas Calientes. Éste fue el primer jardín botánico que tuvo Madrid. Situado en el lugar que hoy ocupan los Viveros de la Villa, junto a la carretera del Pardo, tomó el nombre de un mesón que hubo aquí, cuyo plato típico eran las migas calientes. Este primer jardín botánico abrió sus puertas en 1755 contando en 1772 con un total de 650 especies. Su situación algo alejada de la ciudad hizo que con el tiempo se fuese descuidando, por lo que en 1781, Carlos III ordenó su traslado a su emplazamiento actual, en el paseo del Prado, encargando las obras al prestigioso arquitecto Juan de Villanueva.

La ruta andaluza

La mayoría de las tabernas andaluzas que hay en Madrid —que no son pocas— están situadas en las calles de Echegaray, Núñez de Arce y Ventura de la Vega donde, entre vino y vino, se respira un auténtico aire «andalú».

La casa de Tócame Roque

La llamada casa de Tócame Roque fue una de las más famosas de Madrid. Estuvo en la calle Barquillo esquina a Belén y era un edificio con patio central y balcones o corredores de madera —lo que hoy conocemos por corrala— habitado por setenta y dos familias. El nombre de la casa procede de Roque, hermano de Juan, por lo que lo mismo podía haberse llamado Tócame Juan. Según se cuenta, la casa les tocó en herencia a Roque y Juan, pero como el testamento no especificaba a quien de los dos, cada uno decía «tócame a mí», contestándole el otro, «no, tócame a mí». Y así, una y otra vez. «Tócame a mí», repetía uno, «tócame, Roque», le respondía el hermano, y con el tiempo, la casa pasó a ser conocida como la de Tócame Roque. El edificio ya no existe pues fue derribado en 1850.

Censo de corralas

Y hablando de corralas, en 1985, se calculó que en Madrid existían unas cuatrocientas. La más conocida hoy es la Corrala, por antonomasia, situada en el corazón de Lavapiés, en la calle Mesón de Paredes esquina a Sombrerete. Restaurada hace unos años, es utilizada como escenario de fondo para la representación de zarzuelas en las noches veraniegas. Aunque la mayoría de las corralas están situadas en el castizo barrio de Lavapiés (calles de Miguel Servet esquina a Espino, Provisiones 12, Esperanza 11...), no significa que sean las únicas. Las hay también repartidas por antiguos barrios obreros como Tetuán (calle Tenerife 15 y sus alrededores), Prosperidad (López de Hoyos 139 y alrededores también) e incluso existe una junto a los Nuevos Ministerios, en la calle Fernández de la Hoz esquina a la plaza de San Juan de la Cruz.

ORIGEN DEL NOMBRE DE ARAVACA

Según la leyenda el nombre del antiguo pueblo de Aravaca procedía del dueño de estas tierras y fundador del pueblo, quien recibía el mote de «aravaca» porque cada vez que araba con su vaca y ésta se paraba, decía «ara vaca», mote que pasó con el tiempo a denominar al pueblo* (ver Anexiones).

UN PERRO BIEN EDUCADO

En el atrio de la parroquia de San Sebastián, que daba a la calle Huertas, existía en los años veinte de nuestro siglo, un perro que vivía aquí, muy bien educado, por cierto, porque cada vez que le ponían una moneda de 10 céntimos en la boca, corría a una pastelería cercana a la iglesia a depositarla en el mostrador para que a cambio le dieran un bollo, que comía con la tranquilidad y satisfacción de haberlo pagado.

¡CARGAS FISCALES MEDIEVALES!

¿Sabían que en la actualidad el Ayuntamiento de Madrid mantiene todavía algunas obligaciones tributarias de origen medieval y que forman parte de los presupuestos ordinarios, los cuales, paga religiosamente? Asombroso, pero verídico. Estas cargas fiscales datan de los siglos XVI y XVII y, aunque las cifras hoy resultan cómicas, a pesar de ser simbólicas, se siguen pagando rigurosamente. En total 7.366 pesetas y 78 céntimos repartidos de la siguiente forma: al capellán de Ávila de Nestrosa (hoy Hinestrosa de las Quintanillas, Santander) el Ayuntamiento madrileño paga al año 825 pesetas por la utilización del Puente de Toledo. El Cabildo Metropolitano de Santiago de Compostela recibe 412,50 pesetas por un impuesto o «sisa» de origen árabe, obtenido por la venta del carbón en la lonja de la ciudad y aplicado en Castilla durante la Baja Edad Media. A la Congregación de Presbíteros Naturales de Madrid, el Ayuntamiento paga 206,25. La «regalía de aposento» —ya comentada en otro lugar— aún se mantiene en algunas casas del casco antiguo, como el número 6 de la calle Virgen de los Peligros, cuyos inquilinos, herederos de los de entonces, reciben 63,43 pesetas por un servicio que dejaron de prestar hace ya mucho tiempo. Pero debido a que lo siguen percibiendo, si en algún momento el alcalde o el rey decidieran utilizar la casa para alojamiento de alguna determinada visita, los vecinos tendrían que abrir sus puertas y prestar el servicio que cobran año tras año. A la Asociación de Ganaderos, el Ayuntamiento paga un total de 5,41 pesetas por la utilización de la calle de Alcalá, antigua Cañada Real. Aunque legalmente no existe ningún impedimento para utilizar dicha calle, ¿se imaginan el caos que provocaría el paso de vacas, cabras y ovejas por el centro de la calle de Alcalá? Sigamos. Por el pago de cinco créditos de sisas, el Ayuntamiento paga 1.632,37 pesetas a la Fundación de Memorias de Vargas y por último, el Estado recibe el impuesto más alto, 4.221,85 pesetas, por la utilización de los terrenos de la Tinaja, para ensanchar el parque del Oeste. Increíble, pero cierto.

Autos de fe en la Plaza Mayor

Durante la Edad Media, la Plaza Mayor fue el escenario donde se celebraban los Autos de Fe de la Inquisición. En cierta ocasión fueron juzgados hasta ciento diez reos a lo largo de todo un día, veintiuno de los cuales fueron quemados vivos en el quemadero situado junto a la salida de la Puerta de Fuencarral, en la actual glorieta de San Bernardo, donde hoy se levantan unas casas militares.

Anécdota sobre la Plaza Mayor

Y ahora, algo más alegre sobre la Plaza Mayor. Esta plaza bien podría llamarse la plaza de los «juanes», porque, curiosamente, la mayoría de los que han intervenido de alguna forma en su edificación se han llamado Juan. Veamos, la primera plaza, denominada del Arrabal, se construyó bajo el reinado de Juan II. El arquitecto que construyó la nueva plaza en 1619 se llamaba Juan Gómez de Mora, aunque este primer proyecto fue reformado en parte por Juan de Herrera. Tras varios incendios sufridos por la plaza fue reconstruida por Juan de Villanueva. La estatua ecuestre de Felipe III, situada en el centro de la plaza, fue realizada por el escultor Juan de Bolonia y restaurada después de la guerra civil por Juan Cristóbal. Y por último, el pedestal de dicha estatua es obra de Juan Sánchez. ¿Alguna duda?

La estufa del Campo del Moro

El Museo de Carruajes, que exhibe preciosas carrozas muy bien restauradas de los siglos XVIII y XIX, está instalado en el antiguo invernadero del Campo el Moro, llamado Pabellón de las Camelias y conocido también como la «estufa del Campo del Moro».

Las casas de «Cordero» y el premio «gordo»

En la calle Mayor hay unas casas que fueron construidas con el dinero obtenido con el «gordo» de la lotería. Son seis en total que ocupan el solar dejado por el convento de San Felipe el Real, entre las calles Mayor, Esparteros, Marqués viudo de Pontejos y Correo. De las seis, una de ellas ha sido restaurada después del desmoronamiento sufrido en 1979. Se las conocía popularmente como las «casas de Cordero», porque fueron construidas a mediados del siglo XIX por Santiago Alonso Cordero que invirtió para ello el dinero que ganó con el «gordo» de la lotería. El premio lo obtuvo en distintas combinaciones y en tal cantidad que el Tesoro casi quiebra para poder pagarle. Por este motivo, el rey tuvo que pedirle el favor de que cobrara el premio poco a poco, para no dejar al Tesoro sin dinero. ¡Verídico!

Origen del nombre de la plaza de la Cruz Verde

La primera plaza mayor que tuvo Madrid antes de existir la actual estuvo situada en la calle Segovia, en la llamada plaza de la Cruz Verde, lugar donde se formó el primer núcleo de población. La plaza tomó el nombre de una cruz de color verde que presidió el último Auto de Fe que se celebró en este lugar. En diciembre de 1849 se quitó la fuente que aquí había por ser muy vieja, construyéndose una nueva con materiales procedentes de otras obras que habían pasado sin pena ni gloria por Madrid y que se encontraban amontonados en distintos puntos de la ciudad. La fuente se adosó a la muralla del desaparecido convento del Sacramento y se colocó allí la estatua de Diana, procedente de una fuente que estuvo hasta entonces en la plaza de Puerta Cerrada.

Una puerta simbólica

A casi nadie se le pasa desapercibida la bonita puerta barroca de la Caja de Ahorros y Monte de Piedad situada en la plaza de San Martín. Es la puerta del antiguo edificio de la institución que fue construido en 1733 y que daba acceso a una capilla, de ahí que en la parte superior tenga una campana.

Origen del nombre de la colonia la Piovera

El verdadero nombre de la colonia de la Piovera era barrio de Portugalete Panderón, porque, tanto estos terrenos como los del cercano Parque del Conde Orgaz (comenzado a construir en 1960), pertenecían al marqués de Portugalete.

TÚNELES DE TODAS CLASES

Madrid es un auténtico queso gruyère en túneles, pasadizos y pasos subterráneos. La ciudad está atravesada por más de 3.600 kilómetros conocidos oficialmente, pues se cree que hay más cuya ubicación resulta desconocida por llevar años sin usarse. Oficialmente hay seis tipos de túneles, cada uno con una misión concreta: colectores de aguas residuales (3.370 Km), Compañía Metropolitana (más de 100 Km), galerías de servicios del Ayuntamiento (82 Km), viajes de aguas construidos por los árabes para abastecer la ciudad de agua (66 Km), Canal de Isabel II (38 Km) y Telefónica (una parte de las galerías de servicios del Ayuntamiento). Todo esto sin contar los pasos subterráneos de coches y peatones, que no son pocos.

POBLADOS DIRIGIDOS, DE ABSORCIÓN Y «UVAS»

El significado del nombre de poblados dirigidos es desconocido para la mayoría de los habitantes de Madrid. Situados en distintos puntos de la ciudad, deben su nombre a sus constructores —los propios vecinos construían las casas que posteriormente habitarían— que eran dirigidos por un arquitecto y un aparejador de la Comisaría de Ordenación Urbana. Fueron creados para poder alojar en poco tiempo al gran número de inmigrantes que llegaba a Madrid en busca de trabajo. De esta forma se evitaba en cierta manera el chabolismo. Anteriores fueron los poblados de absorción y las unidades vecinales de absorción, conocidas estas últimas por «uvas», cuyo fin era el mismo: absorber un gran número de personas recién llegadas.

El paso del Viático

En los corrales de comedias, era costumbre que tanto actores como espectadores se arrodillaran cada vez que oían la campanilla que avisaba el paso del Viático. Cierto día de 1823, en un corral de comedias de Madrid, la representación duró más de lo habitual por culpa de unos oficiales de una guarnición francesa que habían comprado una campanilla con el mismo sonido que la utilizada por el Viático. Interrumpieron la actuación media docena de veces haciendo que todos se arrodillaran e impidiendo que el galán declarara su amor a su amada.

La capital de los mendigos

La mendicidad es algo que ha existido siempre. En 1935, el Ayuntamiento republicano quiso evitar que Madrid se convirtiera en la capital de los mendigos, por lo que prohibió a los ciudadanos que dieran limosnas a los pobres, siendo multados por los policías que les sorprendieran haciéndolo. En la actualidad la situación de la mendicidad no difiere mucho de aquellos años aunque ahora parte se camufla en una nueva profesión: los «semaforeros», los cuales se dedican a pedir limosna vendiendo pañuelos de papel o ambientadores para los coches o limpiando el parabrisas aunque uno no quiera. Los semáforos tienen sus trabajadores fijos (mendigos que cumplen su jornada de trabajo en varios turnos) y sus clientes fijos también (los sufridos automovilistas que inevitablemente tienen que coger la misma ruta todos los días).

ORIGEN DEL BARRIO DE LOS LITERATOS

El barrio de las Musas —que nada tiene que ver con la colonia y la estación de metro del mismo nombre—, conocido también como el barrio de los Literatos, recibe estos nombres porque en este lugar nacieron, vivieron y murieron numerosos escritores y artistas. Nacieron Quevedo y Leandro Fernández Moratín, vivieron aquí Lope de Vega, Cervantes y Góngora, y fueron enterrados Cervantes y Lope de Vega. Además, en este barrio se levantaron los primeros corrales de comedias o teatros y, en la calle Atocha, estuvo la imprenta de Juan de la Cuesta, donde se imprimió el primer ejemplar del Quijote. Además aquí vivieron también comediantes célebres como María Córdoba y de la Vega *Amarilis,* Cristóbal de Avendaño, Francisca Bezón *La Bezona,* María y Juana Calderón, etc... Razones más que suficientes para que este pequeño barrio, comprendido entre las calles Cruz, Atocha, el paseo del Prado y la carrera de San Jerónimo, verdadero núcleo de literatos y artistas, reciba los nombres de Literatos, Musas e incluso barrio del Parnaso o Cervantino.

IRONÍAS DE MADRID

En la calle dedicada a Cervantes está la casa donde vivió Lope de Vega, concretamente en el número 11. En ella vivió el poeta desde 1610 hasta 1635. En contrapartida, en la calle Lope de Vega fue enterrado Cervantes, en el convento de las Trinitarias y en la de Quevedo esquina a Lope de Vega, vivió Góngora. Ninguna calle corresponde a su escritor. ¡Qué desatino!

Romerías y verbenas

Hoy apenas si hacemos distinción entre romerías y verbenas, puesto que ambas son sinónimas de festejos. Antaño, romerías y verbenas se diferenciaban claramente. Las romerías, más antiguas que las verbenas, eran fiestas campestres que se celebraban durante el día y a donde la gente acudía a comer después de haber rezado al santo; en cambio, las verbenas eran fiestas que se celebraban por las noches. Como ven, las romerías de San Isidro y de Santiago el Verde, nada tenían que ver con las verbenas de San Juan y de la Paloma.

Leche recién ordeñada

¡Qué tiempos! y no tan lejanos, en que se servía la leche recién ordeñada. Para eso estaban las vaquerías que tristemente —por razones higiénicas— desaparecieron en 1965, cuando se prohibió la venta de leche fresca. A partir de entonces la leche debía pasar por centros higienizadores antes de llegar al consumidor.

La primera imprenta de Madrid

La primera imprenta que hubo en Madrid se estableció en la calle Quiñones en 1556. Madrid fue la novena población de España en tener imprenta propia después de Alcalá de Henares, Medina del Campo, Sevilla, Salamanca, Burgos, Toledo, Valladolid y Granada, las cuales suministraban libros a Madrid. Posteriormente, el edificio de la imprenta fue ocupado por la cárcel de mujeres o Galera, luego cárcel de Amaniel.

UNA PISTA DE HIELO AL AIRE LIBRE

Nuestros bisabuelos también patinaban en hielo, no en la pista del Real Madrid porque en aquellos tiempos no existía, pero sí en el Retiro, un lugar mucho más bonito y natural. La pista, situada en la actual glorieta del Ángel Caído, fue construida en 1870. Era un lago de unos veinte centímetros de profundidad que en invierno servía de pista de hielo.

LO QUE DESAPARECIÓ CON LA CONSTRUCCIÓN DE LA GRAN VÍA

La construcción de la Gran Vía supuso la desaparición completa de 14 calles y la mutilación de otras 14 que constituyen hoy bocacalles. Además, desaparecieron «311 casas viejas, 11 parcelas ya desocupadas y 33 solares que estaban sin edificar»[1]. Para su construcción hubo que «desmontar 61.799 m^3 y terraplenar 31.977 m^3 así como quitar 14.225 metros de cañerías (agua, gas, etcétera), 274 farolas, deshacer 26.365 m^2 de empedrado, adoquinado y desenlosar 8.856 m^2 de aceras[2]». Hubo

[1] Diario 16, 23 de diciembre de 1980.

[2] Establecimientos Tradicionales Madrileños. Tomo IV, página 21.

otro proyecto de construcción de una Gran Vía Norte-Sur que comunicaba la glorieta de Bilbao con la plaza de Oriente que no se llevó a cabo. La gente afectada respiró tranquila al ver que sus casas no iban a ser expropiadas.

TRES CALLES CURIOSAS

Calles con nombres curiosos hay de sobra en el callejero madrileño: Mira el Sol, Mira el Río Alta y Baja, Sombrerete, travesía del Horno de la Mata, Molino de Viento, Bonetillo, Puñonrostro, etc., pero había muchas más que, o bien han desaparecido, o han cambiado de nombre. Veamos algunas de ellas. Calle del Rubio, que al parecer se llamó así porque en estos terrenos, donde posteriormente se abrió la calle, vivió un hombre apodado el «rubio del arrabal», y cuyos descendientes en tres generaciones fueron rubios también. Hoy recibe el nombre de Marqués de Toca. Otra calle, la del Colmillo, debía su nombre a un gran colmillo que apareció al excavar esa zona para edificar. El colmillo fue llevado al despacho de Felipe III pero desapareció en el incendio del Alcázar, en 1734. Otra tradición dice que el nombre procede de un colmillo de elefante que permanecía expuesto en una tienda. Desde 1899 la calle recibe el nombre de Pérez Galdós. ¿Y qué me dicen de la calle llamada Sin Puertas? Esta calle se abrió para facilitar la comunicación hacia la plaza de la Paja entre las casas del Duque de Osuna y Francisco de Vargas. Como no había necesidad de abrir ninguna puerta, la gente comenzó a llamarla calle sin puertas. Hoy es conocida por Príncipe de Anglona.

UNAS RUINAS DESCONOCIDAS

¿Se han fijado en unas pequeñas ruinas que hay en el parque del Retiro? Están situadas cerca de la confluencia de las calles de O'Donnell y Menéndez Pelayo. Proceden de una ermita románica de Ávila, probablemente del siglo XII. ¿Y qué hacen aquí? Con la desamortización fueron cedidas al Estado por Emilio R. de Nicolau. Primero fueron trasladadas a los jardines del Museo Arqueológico y, en 1897, pasaron al Retiro, al lugar que hoy ocupan. Cánovas del Castillo tuvo mucho interés en que se reconstruyera la ermita, pero a su muerte, el proyecto se perdió en el olvido.

ORIGEN DEL NOMBRE DE CARABANCHEL Y UNA GRACIOSA ANÉCDOTA

No se sabe a ciencia cierta cuál es el origen del nombre de Carabanchel. Se cree que puede proceder de garbanzal, por los muchos garbanzos aquí cultivados, y de la palabra carab, que quería decir propietario de terrenos cultivables, en este caso de garbanzos. Antes de abril de 1948 había dos Carabancheles, el Alto y el Bajo, distantes entre sí dos kilómetros. El Alto se llamó así por estar situado en una pequeña colina a 672 metros sobre el nivel del mar y el Bajo estaba sobre una meseta llana a 625 metros. A mediados del siglo XIX, los Carabancheles se convirtieron en el lugar preferido de descanso y veraneo de las familias nobles y a partir de 1948, en que fueron anexionados a Madrid, se unificaron constituyendo un sólo distrito. Cuando apareció la euforia de las autonomías, Carabanchel Bajo protagonizó una graciosa anécdota solicitando la autonomía para poder separarse de Carabanchel Alto. No trascendió de pura anécdota. Hoy, los dos Carabancheles se hallan unidos sin diferencias entre sí* (ver Anexiones).

Significado de las fuentes de Colón

Las fuentes de la plaza de Colón representan las tres carabelas de Colón. Ya sé que en la actualidad el parecido es bastante remoto, pero echándole un poco de imaginación se pueden ver dichas naves. Cada carabela consta de tres surtidores representando las velas, dos de ellas redondas y una triangular. Están situadas en dos fuentes que miden cincuenta metros de lado con forma de media luna.

El bar Metropolitano, un bar para el recuerdo

Recuerdo con cariño y nostalgia un bar ya desaparecido, el Metropolitano. Situado en la glorieta de Cuatro Caminos, no llegó nunca a la categoría de café. Se abrió en 1919, al poco tiempo de ser inaugurada la primera línea de metro (Sol-Cuatro Caminos). Sus dueños fueron tres camareros y un cocinero del Café Levante, que en los primeros meses simultanearon el trabajo en ambos establecimientos. Esto no duró mucho tiempo porque como los ingresos no superaban las sesenta pesetas diarias, tres de los socios se marcharon al ver que el negocio no prosperaba, quedando tan sólo un propietario, padre del último dueño. Este último dueño vendió el bar a principios de los años ochenta a una pizzería con sala de juegos electrónicos.

Cuando se abrió el bar, el local era muy pequeño,

cabían siete mesas justas. En sucesivas reformas se fue ampliando hasta llegar a tener cuatro salones y una tertulia en el piso superior. En un principio se llamó Bar Metro, por la recién inaugurada línea, pero al poco tiempo apareció en la misma glorieta otro bar con el mismo nombre, que ganó el pleito puesto por el primer Bar Metro, obligándole a éste a cambiar el nombre por el de Bar Metropolitano. Por desgracia, en 1981, desapareció el bar donde pasábamos tan buenos ratos gran número de universitarios al término de las clases. La fachada del edificio se ha respetado pero su local fue ocupado como ya dije por una pizzería y una sala de juegos electrónicos.

CAFÉS PARA TODOS LOS GUSTOS

Hasta los años cuarenta, los cafés proliferaron por todo Madrid. Nombres como Pombo, Lorencini, Levante, Prado, Fontana de Oro, Molinero, La Nueva Montaña, Gato Negro, París, Alhambra, Fornos, Comercial, Lyon, y un largo etcétera formaron parte de la vida madrileña. Los primeros aparecieron en la primera mitad del siglo XIX sustituyendo a las antiguas botillerías. Se situaron en torno a la plaza de Santa Ana, por su proximidad al teatro Español, en aquel entonces el teatro más importante de Madrid. Estos cafés fueron el Príncipe, Venecia, Sólito y Moreno, todos ellos a muy poca distancia unos de otros, favoreciendo el poder pasar de uno a otro sin tener que andar demasiado. Larra, Zorrilla y Espronceda fueron sus primeros contertulios.

Con los años, los cafés fueron multiplicándose por todo Madrid. Los había para todos los gustos. Así, al Café de San Sebastián, de la calle Atocha, acudían a reunirse sobre todo médicos, Ramón y Cajal entre ellos. El Universal, en Alcalá, era frecuentado por progresistas y republicanos. El Café Iberia, en la Carrera de San Jerónimo, era frecuentado también por progresistas además de amigos de Madoz, Fernández de los Ríos y Sagasta. Los extranjeros se reunían en el Café de la Alegría, en la calle Atocha y los Guardias de Corps acudían al San Luis, situado en el pasaje del Comercio. El Café de la Nicolasa, situado en la plaza de Santa Ana, también conocido como el «café de los gorros», era el preferido de los patriotas más exaltados y el del Pombo, donde Gómez de la Serna tenía una tertulia semanal, era conocido también como el «café de los cagones» porque su especialidad eran los sorbetes de arroz, con los cuales, se evitaban o curaban las famosas diarreas de verano. Por último, los habitantes de los barrios bajos también tenían su lugar de reunión en el Café del Pilar, situado en la plaza de Puerta de Moros. Y esto no es más que una pequeña muestra del gran número de cafés que hubo por todo Madrid, de los cuales quedan el Comercial, el Central, el Lyón y el Gijón como testigos mudos de un pasado no tan remoto como pudiera parecer.

EL TEATRO MÁS ANTIGUO DE MADRID

El Teatro Español es el más antiguo de Madrid y uno de los teatros municipales más antiguos del mundo, casi con toda probabilidad el más antiguo, y contemporáneo a los corrales de comedias ingleses. Nació el 21 de septiembre de 1583 con el nombre de Corral del Príncipe. Posteriormente cambió su denominación por

Teatro Príncipe y en 1849 pasó a denominarse Teatro Español, tal como hoy lo conocemos.

UNA MUJER QUE DIO NOMBRE A UN BARRIO Y A UNA CALLE

Doña Carlota era la propietaria de unos terrenos situados junto al Puente de Vallecas, donde se levantó un barrio a finales del siglo pasado, que tomó el nombre de su propietaria. La calle principal del barrio, hoy conocida por Peña Prieta y que comunicaba con el «puente», también se llamó Doña Carlota.

«VISITA G»

¿Quién no se ha preguntado alguna vez lo que significa el rótulo «Visita G» situado en muchas calles del centro de Madrid? La «Visita G» está relacionada con la regalía de aposento, explicada en otro apartado. Significa Visita General de la Regalía de Aposento, y consistía en una visita o inspección que se realizó en 1740, con el fin de facilitar la recaudación de impuestos. Para ello se ordenó, por primera vez en 1751, rotular las calles y numerar las casas y manzanas. Esto se hizo en unos azulejos de porcelana que aún se conservan en gran número de casas del centro de Madrid.

Este sistema era muy confuso, pues dio lugar a que hubiera varias calles con el mismo nombre y números de casas repetidos dentro de una misma calle, ya que correspondían a distintas manzanas. Como se daba el caso de que existían hasta cinco calles con el mismo nombre y calles con varias denominaciones, el marqués viudo de Pontejos, corregidor de Madrid, abolió el 10 de marzo de 1835 el sistema de numeración por manzana, estableciendo el de pares a la derecha e impares a la izquierda en cada calle, partiendo del punto más cercano a la Puerta del Sol, sistema que se mantiene actualmente (la numeración correlativa para las plazas no se estableció hasta 1860). Además, reformó el nombre de 240 calles, casi la mitad de todas las existentes en aquel entonces, implantando la costumbre de utilizar nombres de personajes y hechos gloriosos. Es a partir de este momento cuando el callejero se convierte en reflejo de los cambios políticos que caracterizaron la segunda mitad del siglo pasado, iniciando una costumbre que no se ha perdido en nuestro siglo.

LOS PRIMEROS MENSAJEROS QUE HUBO EN MADRID

La proliferación de mensajeros motorizados en los últimos años ha sido enorme. Los antecedentes de estos mensajeros, en menor escala, fueron los llamados «carros de la gamella», calesines situados frente a la Aduana que transportaban objetos de ésta además de muebles de poco volumen.

CALLE DE QUITAPESARES

¡Qué nombre tan relajante! Así se llamaba en el siglo pasado la actual calle de Ventura Rodríguez. Debía ese nombre a la magnífica vista que desde aquí se divisaba hasta la Casa de Campo. ¿No podían haber dejado tan bonito nombre y dedicar al arquitecto Ventura Rodríguez otra calle?

El edificio del Ayuntamiento republicano

Durante la Segunda República, el Ayuntamiento de la Villa y Corte se estableció en el número 63 de la calle Velázquez, en un palacete construido en 1908 y que durante la guerra civil se convirtió en cuartel general de las Brigadas Internacionales. Desde 1982 es la sede de la Caja de Barcelona.

La tienda más antigua de la Plaza Mayor

La tienda más antigua de la Plaza Mayor tiene doscientos años de existencia. Fue abierta en 1790, dos años después de la subida al trono de Carlos IV y dieciocho años antes del heroico dos de mayo y la invasión napoleónica. Fundada por Peña y Cía, pasó al poco tiempo a la sociedad Bustillo, Peña y Cía. A partir de ese momento, la tienda pasó a llamarse Pañerías Bustillo, y con este mismo nombre ha llegado hasta hoy, ocupando el número 4 de la plaza.

El reparto de los soportales de la Plaza Mayor

Sigamos un poco más en la Plaza Mayor. Antaño, muy antaño, sus soportales estuvieron repartidos en sedas, hilos, quincallas, paños y cañameros. El reparto se hacía de la siguiente manera: la acera Norte se destinó a sedas, la Sur a cáñamos, la Este a hilos y quincallas y la Oeste a paños.

MATA-HARI

La célebre Mata-Hari estuvo en Madrid, se alojó en el Hotel Palace y de aquí partió hacia Francia donde fue apresada y, tras un juicio, fusilada en 1917. Con este nombre era conocida Margarita Van Zelle, de nacionalidad holandesa y agente del servicio de información de Alemania, con la designación en clave de H-21.

LA AMANTE DEL «REY INTRUSO»

Si los Austrias y los Borbones han sido famosos por sus numerosas amantes, José I, el «rey intruso», no iba a ser menos y también las tuvo durante su estancia en Madrid como rey. Se dice que de quien realmente estuvo muy enamorado fue de Teresa Montalvo, condesa viuda de Jaruco. El rey veía a su amante en secreto, en una casa que él mismo le compró y regaló en la calle del Clavel. Da la triste coincidencia que cuando se terminó de construir el Cementerio General del Norte, murió la condesa, siendo la primera en ser enterrada en dicho lugar. Pero esa misma noche, alguien la trasladó del lejano y solitario cementerio al jardín de su casa de la calle del Clavel, bajo un gran árbol que desapareció junto con el jardín al construirse un edificio de viviendas que ocupa el número 13 de la calle. No se sabe quien dio la orden de que la condesa fuera trasladada de lugar, pero se dice que fue el propio José Bonaparte, que no quería que los restos de su amante reposaran en un lugar tan frío como el nuevo cementerio.

LEYENDA DE LA PARROQUIA DE SAN JOSÉ

Las leyendas tienen siempre un especial encanto y misterio, como ésta de la parroquia de San José, ocurrida a mediados del siglo pasado durante unas fiestas de carnaval. Un joven diplomático conoció a una bella joven vestida de negro y con antifaz y que llevaba, además, unos guantes blancos y una rosa, blanca también. Cuando terminó el baile, la joven llevó a su acompañante a la parroquia de San José, situada en la calle Alcalá esquina a la Gran Vía y señalándole un catafalco donde reposaba un ataúd, le explicó que esa misma mañana, ella estaba allí dentro y se despidió sin más del diplomático. Horas más tarde se celebraron los funerales por una joven condesa.

LA CASA DEL ATAÚD...

Antes de comenzar la construcción de la Gran Vía en 1910, en la esquina de las calles del Caballero de Gracia y Alcalá existió una casa que tenía una fachada tan estrecha que se la conocía como la «casa del ataúd». Fue derribada para construir la Gran Vía.

Y... LA CALLE DEL ATAÚD

Además de la «casa del ataúd», existió también una calle del Ataúd, que en la actualidad recibe el nombre de travesía de Trujillos. Y se llamó de aquella manera porque en ella vivían los enterradores del cementerio del cercano convento de San Martín (en la plaza del mismo nombre), los cuales, tenían siempre consigo un ataúd para los entierros de caridad. Como esto se consideraba humillante, hasta los más pobres procuraban costearse su féretro, para no figurar en las listas de los entierros de limosnas.

Aparición de los carruajes

El primer carruaje que apareció en Madrid lo hizo en 1548 y estaba revestido de terciopelo y sedas bordadas. Más adelante aparecieron con herrajes de plata. No fue hasta el siglo XVII cuando se sustituyeron las cortinas por cristales, siendo el primero de ellos en circular por nuestras calles el del marqués de Tovar. Cosa aparte y curiosa es que, en 1785, se tuvo que prohibir que los carruajes llevaran más de dos caballos, para agilizar el tráfico y evitar los atascos en las calles más estrechas. Como se puede ver, el tráfico no es un problema nuevo para el Ayuntamiento.

Origen del nombre de la colonia del Carmen

Antes de que fuera urbanizada la calle de Alcalá, en el tramo comprendido entre la Plaza de Toros de las Ventas y la desaparecida Cruz de los Caídos, hubo en tiempos una pequeña ermita dedicada a la Virgen del Carmen, patrona de este lugar cuando aún pertenecía al pueblo de Vicálvaro. Tanto la estación de metro como la colonia del Carmen, toman su nombre en recuerdo de la desaparecida ermita.

Madrid se divierte

Las actuales fiestas de San Isidro, de la Melonera, de la Paloma... forman parte de lo que se dio en llamar la «movida madrileña», aunque son sólo una pequeña parte de los festejos que se celebran en Madrid. Para quienes pongan en duda la tradición festiva de Madrid y piensen que las fiestas es un invento del desaparecido alcalde Enrique Tierno Galván, van las siguientes líneas. Nuestra ciudad se quedaba pequeña en romerías, cuenten y verán: en enero se celebraba la de San Antón, en febrero la de San Blas, en marzo la del Ángel, en abril la de San Marcos, más conocida por el «trapillo», en mayo se celebraban las de Santiago el Verde (el día 1) y San Isidro (el 15), y en junio, la última romería, la de San Juan.

Pero ahí no se acababan los festejos. Aparte de domingos y fiestas, días de patrones, Pascuas de Resurrección y Espíritu Santo, Ascensión y Corpus, y después de que en 1643 un *Breve Pontificio* suprimiera veintiuna fiestas, quedaron las siguientes: Circuncisión y Reyes en enero, la Purificación y San Matías en febrero, San José y la Anunciación en marzo, San Felipe y la Invención de la Cruz en mayo, San Juan y San Pedro en junio, Santiago y Santa Ana en julio, San Lorenzo, la Asunción y San Bartolomé en agosto, la Natalidad de la Virgen, San Mateo y San Miguel en Septiembre, San Simón y San Judas en octubre, Todos los Santos y San Andrés en noviembre y Santo Tomás, Natividad de Nuestro Señor, San Esteban, San Juan, los Inocentes y San Silvestre en diciembre. ¿Queda alguna duda sobre la tradición festiva madrileña?[1]

Como habrán podido comprobar, el calendario laboral del año era mínimo si a eso añadimos que durante el reinado de Felipe II, en Madrid, y en Castilla en

---

[1] Corral, José del: *El Madrid de los Austrias,* Ed. Avapiés, páginas 103-104.

general, los días laborables de la semana se reducían a cuatro, ya que el jueves era el día dedicado a Jesucristo, el sábado a la Virgen y el domingo al Señor. Ríanse ustedes de los «puentes» festivos actuales.

EL ANTIGUO BARRIO DE INDO

Parte de lo que hoy conocemos como el barrio de Almagro, se llamó originariamente barrio de Indo, porque fue el banquero Miguel Sainz Indo quien compró los solares comprendidos entre las calles de Génova, Almagro, Eduardo Dato y el paseo de la Castellana, levantando un barrio de hotelitos de alquiler. El mejor de todos ellos fue la residencia del propio Sainz Indo. En la actualidad, han desaparecido prácticamente todos los hoteles y en su lugar se levantan enormes edificios de oficinas y viviendas de lujo como el de La Unión y el Fénix Español en el solar de la propia residencia de Sainz Indo.

EL CEMENTERIO DE LOS INGLESES

¿Saben que en Madrid tenemos un cementerio para uso de los ingleses? Si, el llamado Cementerio de los Ingleses, situado cerca de General Ricardos. Fue inaugurado en 1854 y su administración depende de la embajada inglesa en Madrid. Además de ingleses, allí hay enterrados algunos judíos, checoslovacos y rusos también. Desde fuera, lo único que se ve es el mausoleo de la familia Bauer y los altos cipreses.

El órgano clásico más grande de Europa y el más antiguo de Madrid

De Madrid casi todo resulta desconocido. ¿Quién sabe dónde se encuentra el órgano clásico más grande de Europa? Pues en Madrid, en el Teatro Real. Con 5.000 tubos, es el mayor de Europa. Y el más antiguo de Madrid se halla en la iglesia de San Pedro el Viejo.

Primera y última casa de la Gran Vía

Veamos cuáles fueron la primera y la última casa que se construyeron en la Gran Vía. La primera en levantarse fue la número 8, situada en la esquina de la calle de Víctor Hugo. En el bajo se encuentra hoy la tienda Loewe, que sustituyó a un salón de té instalado desde 1917. Este edificio, construido entre 1915 y 1916, se levantó en un solar ocupado por cuatro casas. En cuanto a la última casa construida, fue el Hotel Washington, en el número 62, cuya construcción había comenzado en 1952 y finalizó dos años más tarde. Con este edificio se concluyó la Gran Vía, empleando un total de treinta y siete años desde que se comenzara la primera casa en 1915.

Luis Candelas en Prosperidad

El Ventorro del Tío Chaleco estuvo situado en el barrio de Prosperidad, la «Prospe», como la llaman sus habitantes. El ventorro estuvo cerca del antiguo camino de Hortaleza, hoy López de Hoyos. Tan pintoresco nombre procede de su dueño, Aquilino Tinajas, conocido a mediados del siglo XIX por su gran afición a los chalecos, del que se dice que poseía una gran colección. Del Tío Chaleco también se cuenta que, en alguna ocasión, había escondido a Luis Candelas en su venta.

UNA COLONIA YA DESAPARECIDA

La construcción de la M-30 supuso el corte de gran número de calles y la expropiación de miles de hectáreas de terreno edificable. La colonia Quinta de la Paloma, con sus pequeñas calles (Govinda, Tres Ochos, Patos, Estanques...) y sus casas unifamiliares, desapareció por completo bajo la piqueta en 1983. Formada por unas doscientas casas, estuvo situada entre el parque San Juan Bautista, la avenida de América, la M-30 y la avenida de Ramón y Cajal. Los vecinos fueron expropiados al calificarse la zona como «embellecimiento» de los alrededores de la M-30.

LOS «MULTICENTROS» DE ANTAÑO

Los antiguamente llamados pasajes o galerías cubiertas, se pusieron de moda a partir de 1839, aunque con poco éxito, debido sobre todo a su escasa comodidad y a su largura. Fueron galerías comerciales donde no existía el tráfico rodado y que al estar cubiertos permitía una mayor rapidez en las compras. Parecidos a los actuales «multicentros», para hacerse una idea. En estos pasajes se instalaban tiendas, cafés y lugares de paseo para los clientes. Todos ellos se establecieron en torno a la Puerta del Sol, desde la calle Mayor hasta Alcalá, pasando por las calles de Postas, Carretas, Cruz, Cádiz, Pozo y la carrera de San Jerónimo. La idea consistía en unir los alrededores de la Puerta del Sol mediante estos pasajes, pero no llegaron a construirse todos. En total se construyeron cinco pasajes: San Felipe Neri (el primero), Murga, Matheu, Jordán e Iris, de los cuales, en la actualidad, sólo quedan el Murga, más conocido por el pasaje Comercio, situado entre las calles Montera y Tres Cruces, y el Matheu —hoy calle— muy transformado después de desaparecer su cubierta acristalada* (ver Pasajes).

El Cristo de Velázquez

El famosísimo *Cristo Crucificado* de Velázquez, que puede ser contemplado en el Museo del Prado, también tiene su leyenda. Traslademonos en el tiempo al convento de San Plácido, en la calle San Roque. Aquí profesaba sor Margarita de la Cruz, una monja joven y de gran belleza, según se cuenta. Cuando Felipe IV tuvo noticia de ella, se enamoró nada más verla y hablar con ella a través del locutorio. El rey quiso convertirla en su amante, por eso, planeó, con el conde duque de Olivares y el conde de Villanueva, secuestrarla una noche. Sin embargo, cuando los tres hombres llegaron hasta la celda de sor Margarita, se llevaron una gran sorpresa, pues encontraron un ataúd con un cirio en cada esquina y a sor Margarita en su interior con la cara muy pálida y un crucifijo entre las manos. Los tres hombres huyeron asustados de allí y el rey, para expiar su pecado, regaló al convento un cuadro de Jesús crucificado pintado por Velázquez y un reloj que cada hora tocaba las campanas a muerto. Y siguió sonando hasta que sor Margarita murió. Desde ese momento, el reloj sólo tocaba cada vez que moría una monja.

ANÉCDOTA SOBRE LA CAPITALIDAD DE MADRID

A pesar de que Felipe II trasladó la Corte a Madrid en 1561, la anécdota es que hasta nuestro siglo ¡no existe ningún documento oficial en que se titule a Madrid como capital de España! Figura por primera vez en la Constitución de la II República, de 1931. Por este motivo, el 11 de junio de 1963, con la Ley de Régimen Especial, Madrid fue proclamada definitivamente capital de España. Más tarde, en 1978, la capitalidad se reafirma en la Constitución de ese año. Visto así, la capitalidad es algo muy reciente.

JUANA LA BELTRANEJA

Fue la primera persona perteneciente a la familia real que nació en Madrid. Hija de Enrique IV, pronto recibió el mote de la «Beltraneja», porque se decía que era hija de la reina y de Beltrán de la Cueva, servidor de palacio.

¡UNA SOLA TORRE POR EDIFICIO!

Hoy en día se levantan inmensos edificios por doquier, las torres de Colón, la Torre de Madrid, la de Valencia, Torres Blancas y las del Azca, son un claro ejemplo. Pero no ha sido así de fácil siempre. En tiempos de Felipe IV, sólo se permitía la construcción de una torre por edificio. El que quisiera levantar más de una debía de obtener un poder. En el *Diario de viaje por España*, Antoine de Brunel cuenta que un hombre pidió permiso para la construcción de una sola torre pensando en que sería muy difícil que le dejaran construir dos. Así, cuando le fue concedido el permiso, levantó dos torres ante el asombro general. Cuando fueron a reclamarle, el hombre les contestó que tenía permiso para construir una torre y que para la otra había conseguido una concesión particular del rey y su Concejo. Y así quedó la cosa.

Origen del nombre de Arganzuela

De la antigua Dehesa de Arganzuela, de gran extensión, sólo queda en la actualidad el reducido parque del mismo nombre, lugar donde se celebraba el tradicional entierro de la sardina, trasladado ahora a la Casa de Campo. Se dice que el curioso nombre de Arganzuela, que denomina un antiguo barrio y hoy distrito, procede de Sancha la Daganzuela, así llamada por ser hija de un alfarero conocido por el Tío Daganzo (oriundo de Daganzo, pueblo cercano a Alcalá de Henares) y que vivían en este lugar a finales del siglo XV. Y de ahí parece ser que derivó en Arganzuela. Aunque los expertos en temas madrileños rechazan esta teoría, tampoco apuntan otra sobre el origen de tan singular nombre.

Origen del nombre de Entrevías

Entrevías es un barrio obrero creado durante la dictadura de Primo de Rivera y está formado por dos barrios: el Picazo y el Obrero, muy transformados a partir de 1956. Está situado entre las vías de los trenes hacia Badajoz y Barcelona, de ahí su nombre.

ANÉCDOTA SOBRE UN NIÑO LLAMADO MIGUEL DE CERVANTES

El Estudio de la Villa era el lugar donde se impartían clases de Gramática Latina y Humanidades. Fundada por Alfonso XI en 1346, estuvo situado en el número 2 de la antigua calle del Estudio de la Villa (hoy del Estudio). Dejó de funcionar en 1619 con la llegada de los jesuitas. El Estudio no hubiera sido tan conocido de no haber tenido un alumno privilegiado, Miguel de Cervantes, y un gran maestro olvidado con el tiempo, Juan López de Hoyos. Esta breve introducción sirve para contar una pequeña anécdota sobre Cervantes, relacionada con el Estudio y con la antigua calle de la Parra (hoy Rollo), que tomaba el nombre de una parra que allí había. Según se cuenta, el maestro López de Hoyos recibió varias multas por no castigar a los discípulos que robaban uvas de aquella parra. Por este motivo despidió de su clase al verdadero culpable, que era nada menos que el travieso Miguel de Cervantes. Pero afortunadamente, un regidor, que mantenía el Estudio aportando dos reales diarios, intercedió por el futuro autor del Quijote. Como el maestro apreciaba tanto a su alumno no puso ningún reparo en admitirle de nuevo en su clase.

«CARTAS AVIÓNICAS»

Los primeros buzones de Madrid se colocaron en plazas y plazuelas el 1 de abril de 1853. Estos consistían en unas columnas huecas de hierro colado y cubiertas de un baño de bronce. Medio siglo más tarde, se instaló frente al edificio de Correos un nuevo buzón, destinado al correo aéreo o «cartas aviónicas» como se las llamaba popularmente. Ramón Gómez de la Serna, con esa gracia suya tan característica, propuso que en Correos fuera instalado un buzón con un letrero que tuviera alas, indicando claramente su función.

«Estas ruinas no nos pertenecen»

La Casa de Velázquez, situada en la Ciudad Universitaria, se terminó de construir en 1935 por encargo de Francia, para residencia de artistas pensionados franceses. Poco duró pues fue destruida durante la guerra civil. A su término, apareció en la estatua de Velázquez, entonces situada frente a la casa, un cartel que decía: «Casa de Velázquez. Propiedad del gobierno francés. Estas ruinas no nos pertenecen». Al mes comenzaron las obras de reconstrucción.

El dios Neptuno tiene hambre

Y más sobre carteles y el humor madrileño que no desaparece ni en los peores momentos. En los años cuarenta, cuando en Madrid, al igual que en el resto de España escaseaba la comida, la estatua de Neptuno amaneció cierta mañana con un cartel muy significativo: «O me dais de comer, o me quitáis el tenedor».

El desaparecido Bazar de las Américas

¿Se acuerdan del Bazar de las Américas? Fue demolido en 1979 porque desde hacía muchos años existía un proyecto de trazar una calle por dicho lugar, uniendo la ronda de Toledo con el paseo de las Acacias desde la Ribera de Curtidores. El bazar —que a pesar de ser propiedad del Ayuntamiento, formaba parte del Rastro— fue construido a principios de siglo y albergaba en una sola planta unas sesenta naves destinadas, la mayor parte, a la venta de chatarra. Lo que más llamaba la atención era la vieja locomotora que tenía en el llamado «solarón» o patio central.

El primer cine que hubo en Madrid

Estuvo instalado en un barracón de la calle Fuencarral, que con el tiempo, se convirtió en el teatro Maravillas, con entrada en la actualidad por la calle Manuela Malasaña.

El «Redondo»

Es un edificio llamado así por su forma y que, aunque a primera vista parece inacabado, se terminó de construir en 1967. Está situado en Moncloa y parte de su estructura, la que mira al Arco de la Victoria, está sin cubrir, dándole una apariencia de incompleto. Lo que casi nadie sabe es que el edificio se levantó como monumento a los caídos. En el proyecto figuraba una cruz en el centro del mismo y visible a través del citado arco, pero nunca llegó a colocarse. El «redondo» fue levantado detrás del arco para tapar la visión de unas casas situadas al fondo, en la calle Isaac Peral, que no tenían buena presencia. En la actualidad, estas casas han sido sustituidas por el conjunto residencial Galaxia, con lo que la presencia estética, como puede comprobarse, ha cambiado notablemente. El edificio y el arco formaban un conjunto conmemorativo de la victoria de la guerra civil y la liberación de Madrid, aunque el «redondo» tiene hoy otra función muy diferente, puesto que es desde hace varios años sede de la Junta Municipal de Moncloa.

BREVE DICCIONARIO DE MADRID

ALCÁZAR, EL. No se tiene conocimiento del año en que se levantó sustituyendo a la primitiva atalaya, construida en el mismo lugar por los árabes, para vigilar los movimientos de las tropas cristianas. El primer dato o referencia que se conserva es del reinado de Pedro I, quien lo mandó reedificar y ampliar a mediados del siglo XIV. Años más tarde, sufrió un incendio y Enrique III lo reformó por completo, dándole forma de palacio hacia 1405. Como en 1466, un terremoto destruyó parte del Alcázar, Carlos V lo rehizo por entero, haciendo que perdiera su aspecto de fortaleza. El incendio de la Nochebuena de 1734 lo destruyó por completo.

ANEXIONES. El desarrollo industrial de Madrid en los años cuarenta y cincuenta supuso la llegada de una enorme avalancha de personas procedentes de toda España, en busca de trabajo. La Villa, que por aquel entonces medía alrededor de 66,21 Km^2, no tenía espacio suficiente para albergar tales masas de gentes que se instalaban en las afueras de la ciudad y en los pueblos limítrofes. Así, entre 1948 y 1954, Madrid se extiende con la anexión de trece municipios, lo que dio lugar a que la ciudad aumentara nueve veces sus límites primitivas, alcanzando los 604,80 Km^2 en total, y superara ligeramente los dos millones de habitantes. En 1948 fueron anexionados tres pueblos; en 1949, cuatro; cuatro también en 1950; uno en 1951 y uno también en 1954.

Aravaca: 20 de diciembre de 1951.
Barajas: 18 de enero de 1949.
Canillas: 17 de agosto de 1949.
Canillejas: 24 de junio de 1949.
Carabancheles (Alto y Bajo): 2 de abril de 1948.
Chamartín de la Rosa: 5 de junio de 1948.
El Pardo: 13 de diciembre de 1950.
Fuencarral: 13 de diciembre de 1950.
Hortaleza: 22 de julio de 1949.
Vallecas: 13 de diciembre de 1950.
Vicálvaro: 13 de diciembre de 1950.
Villaverde: 31 de julio de 1954.

Barrio de Pozas. Para poder desalojar a los vecinos de sus viviendas fueron declaradas ruinosas. Los vecinos se fueron marchando poco a poco, algunos por miedo ante las presiones y cuarenta y siete de ellos murieron por infarto de miocardio. A pesar de que el Colegio de Arquitectos declaró que las casas no estaban en ruinas y de los juicios recurridos y perdidos, el desahucio se produjo el 12 de febrero de 1972. El único que permaneció hasta el último momento fue precisamente Lauro Olmo, quien con su mujer y un grupo de amigos permanecieron en su casa la última noche. Pintaron la puerta con los colores de la bandera nacional y clavaron en ella el oficio del Tribunal Supremo que certificaba que no había orden de desahucio porque aún no se había visto el recurso. Al día siguiente, policías municipales, bomberos y «grises» (como entonces se llamaba a los policías nacionales) se presentaron precintando el barrio. Lauro Olmo no permitió que nadie entrara en su casa, sólo eran bienvenidos sus amigos. Salió por última vez de su casa con su mujer y con los que le acompañaron hasta el último momento. Un día después, la piqueta terminó con el barrio.

CASA DE LAS SIETE CHIMENEAS. Construida en 1577 y ampliada en 1583. La casa tenía siete chimeneas, de donde toma el nombre. Entre 1675 y 1881, pasa por diferentes propietarios, así como reformas y ampliaciones. Es monumento histórico-artístico desde 1948.

CONVENTO DEL CORPUS CRISTI. Perteneciente a la orden de descalzas de San Jerónimo y situado en la plaza del conde de Miranda. Fue el primero que fundó doña Beatriz Ramírez de Mendoza, descendiente de Beatriz Galindo, en 1607. Conocido vulgarmente por las «carboneras».

CONVENTO DE SAN FELIPE EL REAL. Perteneciente a la orden de agustinos calzados. Fundado por Fray Alonso de Madrid, quien solicitó que el convento se sustentase de limosnas, pero el arzobispo de Toledo se lo denegó aludiendo que ya había en Madrid otros dos que vivían de limosnas (el de San Francisco y el de Nuestra Señora de Atocha). Construido en 1547 gracias al príncipe Felipe —futuro Felipe II— que dio su autorización para que se levantara. Se dedicó a San Felipe en su honor, de quien era muy devoto el príncipe y estuvo situado en la manzana comprendida entre las calles de Mayor, Esparteros, Correo y la plaza de Pontejos. Derribado en 1838 con la ley desamortizadora de

Mendizábal, se levantaron en su lugar las llamadas «casas de Cordero».

CUARTEL GENERAL DEL AIRE. Antes Ministerio del Aire. Construido en 1951 por Luis Gutiérrez Soto en el solar donde estuvo, hasta el término de la guerra civil, la cárcel Modelo. Sigue el estilo de la arquitectura de los Austrias y del Escorial.

ERMITA DE SAN ANTONIO DE LA FLORIDA. Construida en 1789 por Francisco Montana. Es la tercera ermita dedicada a San Antonio. La primera fue construida por Churriguera en 1720 junto a la puerta de San Vicente. Fue demolida al trazarse el nuevo camino del Pardo, levantándose una segunda en 1770, un poco más al Norte de la primitiva, en el lugar que hoy ocupa la estación del Norte. Se encargó la construcción a otro prestigioso arquitecto: Sabatini. Fue derribada cuando Carlos IV mandó cerrar los jardines de la Moncloa, terrenos en los que se hallaba la ermita. La tercera, cuya cúpula fue decorada por Francisco de Goya, fue declarada monumento histórico en 1905. Debido a la técnica utilizada por Goya, las pinturas de la cúpula fueron deteriorándose poco a poco, por lo que han sido restauradas en varias ocasiones. En 1928, Juan Moya, construyó una réplica de la ermita que se situó paralela a la primitiva, trasladándose a ésta el culto y dejando la original como museo.

FÁBRICA DE PORCELANA, REAL. En 1760, Carlos III creó la Real Fábrica de Porcelanas del Retiro, en el lugar que ocupó antiguamente la ermita dedicada a San Antonio de los Portugueses, y donde hoy se levanta la estatua del Ángel Caído. Popularmente se la conoció como la fábrica de la «China», porque, para los españoles, la porcelana siempre fue china. Tuvo primero una influencia italiana y luego francesa. Aunque al principio, la pasta había que importarla, en su segunda etapa, se encontró en Vallecas una tierra muy parecida para la fabricación de porcelana, dando origen a la llamada «porcelana de Madrid». Algunas de las piezas aquí producidas se conservan en el Palacio Real de Madrid y en el de Aranjuez. Pero nuestra fábrica resultaba ser una competidora muy fuerte para la porcelana inglesa, y así, con la excusa de la guerra (de la Independencia), los ingleses, —¡nuestros aliados!— la destruyeron en su lucha contra las tropas francesas, eliminado así un país competidor. Por este motivo, Fernando VII creó la Real Fábrica de Porcelana de la Florida, para continuar la labor de la del Retiro. Posteriormente tomó el nombre de Real Fábrica de la Moncloa, perdurando hasta mediados del siglo XIX en que cerró. Este último edificio, muy próximo a la Tinaja, se halla cerrado en la actualidad, al igual que la Tinaja —horno de cocción—, que cerró sus puertas en 1909 por problemas económicos. En 1935, Francisco Alcántara fundó la Escuela de Cerámica, situada también muy próxima a la Tinaja. Actualmente son dos escuelas administrativamente hablando, una municipal y otra nacional, pero en definitiva forman una sola.

IGLESIA DE SAN PEDRO EL VIEJO. Se dice que fue fundada por Alfonso XI, en el lugar que ocupaba una antigua mezquita árabe, en acción de gracias por su victoria en la conquista de Algeciras y a la victoria paralela en Madrid de los cristianos sobre los árabes en 1345. Sin embargo, se ha comprobado que esta parroquia es más antigua que la de San Andrés, lugar donde fue enterrado San Isidro en 1172, lo que demuestra que no pudo ser edificada por Alfonso XI, dado que su victoria fue muy posterior a la fecha en que San Isidro fue enterrado, dándose por supuesto que, en vida del santo, ya existía la iglesia de San Pedro. Es más probable que hubiera otra iglesia situada más cerca de la Puerta Cerrada y que fuera Alfonso XI el que la trasladara a su actual emplazamiento.

IGLESIA DE SANTIAGO. Se dice que su antigüedad se remontaba probablemente a la época romana. Fue derribada por orden de José I para dar mayor amplitud a las cercanías del Palacio Real y en su lugar se construyó la nueva iglesia de Santiago en 1814, que es la que vemos en la actualidad.

IGLESIA-HOSPITAL DEL BUEN SUCESO. Su historia es muy antigua y se remonta al siglo XVI. Carlos V mandó construir un hospital para enfermos de peste en la Puerta del Sol, entre la calle de Alcalá y la carrera de San Jerónimo. Junto al hospital se levantó una iglesia. Cuando a mediados del siglo XIX fue reformada y ampliada la Puerta del Sol, tanto la iglesia como el hospital, fueron trasladados a la calle de la Princesa, entonces en el extrarradio, inaugurándose el nuevo edificio el 25 de marzo de 1868. Pedro de Répide, en *Las calles de Madrid*, describe la iglesia como de «gallarda estantería. De estilo indeterminado en el que se combinan elementos del gótico y del bizantino» (...) «El campanil es muy esbelto y en el interior es de notar la bóveda de la cúpula que descansa sobre cuatro pilares y arcos torales y aparece perfectamente iluminada por cuatro grandes ventanas».

LHARDY. Abierto en el número 9 de la carrera de San Jerónimo por el francés Emilio Huguenin Lhardy en 1839. Cuando murió el fundador, Lhardy se convirtió en una sociedad limitada compuesta por su viuda, Juana Garrigues, y sus hijos Agustín y Emilia. Agustín se encargó del negocio hasta su muerte en 1918, pasando la dirección a su yerno, Adolfo Temes, hasta que, en 1926, Emilia y Luisa Lhardy, hija y nieta respectivamente del fundador, deciden desvincularse del negocio familiar. Para evitar que la empresa se perdiera, fue concedida en explotación a tres de sus máximos colaboradores: Ambrosio Aguado, Frutos García y Antonio Feito, quienes pagaron 150.000 pesetas, la mitad de entrada y el resto a lo largo del año. En 1939, Frutos García cedió su parte a Aguado y Feito, S.A. que, en 1947, puso a su nombre la entidad Casa Lhardy, respetando su primitiva denominación.

MURALLAS. Muhammad Ibn-Adb-al-Rahman, más conocido por Mohamed I, que reinó entre los años 852 y 886, mandó construir una torre atalaya para poder vigilar a los cristianos que pasaban por los pasos de Somosierra, Tablada y La Fuenfría. Al mismo tiempo, rodeó la fortaleza o almudena con una sólida muralla. Posteriormente, se construyó un alcázar para vigilar el cruce de caminos hacia Segovia, Zaragoza y Toledo, y evitar que las tropas castellano-leonesas llegaran a esta última ciudad, capital del reino musulmán. Esta muralla interior rodeaba el Alcázar y daba cobijo a los servidores, guardianes y soldados de la fortaleza; tenía una puerta denominada Arco de Santa María que comunicaba esta zona con la ciudad donde residía la población. La muralla seguía el siguiente itinerario: partía del Alcázar y seguía por la cuesta de la Vega, cuesta de Ramón (desaparecida) y subía por detrás del actual edificio de Capitanía General, calles del Factor, Rebeque y Bailén hasta llegar de nuevo al Alcázar. Una segunda muralla, construida posteriormente por los cristianos en el siglo XII rodeaba la ciudad civil: partía también del Alcázar y seguía por la cuesta de la Vega hasta las calles de Segovia, Bailén y Don Pedro. Continuaba por las cavas Baja y de San Miguel, calle de la Escalinata y desde la actual plaza de Isabel II, enlazaba con el Alcázar. Esta muralla exterior tenía cinco puertas de acceso o salida: la Puerta de la Vega, situada en la cuesta de la Vega y que conducía a la vega del río; la Puerta de Moros, en la plaza del mismo nombre, utilizada según la tradición por los musulmanes; la llamada Puerta Cerrada, en la plaza del mismo nombre, así denominada por su peligrosidad, debido a los ladrones que se ocultaban por las noches en sus inmediaciones a robar a quienes entraban o salían, lo que hacía que permaneciera cerrada la mayor parte del tiempo; la Puerta de Guadalajara, situada en la plaza de Herradores, de donde partía el camino a dicha ciudad y por último, la Puerta de Balnadú, situada en la plaza de Isabel II, cuyo nombre se desconoce el origen, aunque hay varias hipótesis. Una de ellas explica que procede de un árabe encargado del cuidado de la puerta; otra dice que procede de Ba-Al-Nadur, que significaría puerta de las Atalayas; también se dice que procede de Balneaduo o puerta de los Baños, por unos baños situados cerca de este lugar.

Ambas murallas se mantuvieron en perfecto estado hasta el siglo XVI pues estaba prohibida la construcción de casas junto a ellas. Pero la falta de espacio hizo que se utilizase la muralla cristiana como pared para adosar las viviendas desapareciendo poco a poco. Hacía la mitad del siglo XVII la muralla cristiana había desaparecido en su gran mayoría por la cantidad de viviendas que se habían levantado a ambos lados de la misma. En la actualidad quedan algunos restos entre las calles Angosta de Mancebos y Yeseros (tapiados), Escalinata y Espejo (imposible su visión desde la calle) y en la calle del Almendro 15-17 (visibles). De la muralla árabe, los únicos restos visibles hasta el momento son los que se encuentran en la cuesta de la Vega aunque también hay algunos en los sótanos de los números 83 y 85 de la calle Mayor.

Posteriormente, en los siglos XVI y XVII, Felipe II y Felipe IV mandaron levantar cada uno una cerca o tapia mayor con fines fiscales y sanitarios. La última cerca fue derribada en 1868.

PALACIO DE COMUNICACIONES. Situado en parte de los Jardines del Buen Retiro, donde anteriormente estuvo el parque de espectáculos que había desaparecido en 1903, perdiendo Madrid un lugar de diversión hasta que se inauguró en 1968 el Parque de Atracciones de la Casa de Campo. En 1905 comenzaron las obras del futuro edificio de correos a cargo de los arquitectos Palacios y Otamendi, siendo inaugurado en 1917.

PASAJES. El primero en construirse en 1839 fue el de San Felipe Neri, así llamado por ocupar el solar del derribado convento del mismo nombre, situado entre las calles Mayor, Bordadores y San Felipe Neri. Consistía en una galería con dos plantas dedicadas a tiendas de modas, objetos de lujo, quincalla y estampas. En 1846 se inauguró, entre las calles Montera y Tres Cruces, el Pasaje de Murga, llamado así por Manuel Murga, su propietario, aunque popularmente se le ha conocido por el Pasaje del Comercio, por pertenecer luego a la Compañía General Española del Comercio. Un año después lo abandonó la compañía no recuperándose nunca más comercialmente y terminando en completo abandono hasta hoy. Es el único que existe actualmente.

Entre las calles Espoz y Mina y Victoria, en terrenos ocupados por el convento de la Victoria, Manuel Matheu construyó en 1847 el Pasaje Matheu, llamado también Bazar de la Villa y Corte. Tenía tres plantas dedicadas al comercio. En la actualidad se halla muy transformado, la cubierta acristalada ha desaparecido y se han instalado todo tipo de bares que en verano abarrotan de mesas y sillas el reducido espacio. Junto a este pasaje estuvo el Jordán o Nueva Galería, en los números 7 y 8 de las calles Espoz y Mina y Victoria respectivamente. Inaugurado en 1847 también, fue construido en los terrenos de la tahona de la Soledad. Llamado también Galería de Espoz y Mina, se dedicó a la venta de artículos de lujo, bisutería y sedería. Desaparecido en la actualidad. Y por último, el Pasaje Iris, abierto en septiembre de 1847 entre la Carrera de San Jerónimo número 12 y el 11 de Alcalá. Era propiedad de la Compañía General del Iris y tenía tres calles llamadas galerías «de Madrid», «de Londres» y «de París». En este último pasaje, los locales eran tan pequeños que no tuvo éxito desde el primer momento, permaneciendo la mayoría de ellos cerrados. El único local que sí tuvo afluencia fue un café que tenía puerta de entrada directa con la calle Alcalá, además de otra que comunicaba con el pasaje.

Plaza Mayor. La primera, llamada plaza del Arrabal, fue construida en el siglo XV, bajo el reinado de Juan II. Las casas tenían la fachada de ladrillo rojo, cinco pisos y 466 balcones. En 1619, Juan Gómez de Mora construyó la segunda que había comenzado dos años antes con el derribo de la anterior. Esta plaza medía 120 por 94 m. En 1631, durante tres días, se incendió destruyéndose toda la zona comprendida entre las calles Botoneras y Toledo. Una vez reconstruida, se sustituyen las cubiertas de plomo por tejas. La plaza tenía nueve entradas, seis descubiertas y tres bajo arcos. En 1672 sufre un segundo incendio en el que desaparece la Casa de la Panadería. El 16 de agosto de 1790 y durante diez días, la plaza sufrió un tercer incendio, el más devastador de todos, perdiéndose un tercio de su perímetro. Las obras de una nueva plaza, esta vez cerrada, según un proyecto de Villanueva, finalizaron en 1854, y cuyo aspecto se mantiene actualmente.

RETIRO, EL. El cuarto real de «retiro» tenía, en uno de sus lados una ventana que daba al altar del convento para que el rey pudiera oír misa. Empezó llamándose Cuarto Real de San Jerónimo, pero el conde duque de Olivares lo cambió por Casa Real del Buen Retiro, conservando el carácter primitivo de retiro, pero añadiendo el calificativo de buen, aludiendo al sentido de lugar de descanso. El Cuarto Real fue construido por orden de Felipe II con el fin de que el rey se retirara en Cuaresma, Semana Santa,... En cuanto al palacio, el pueblo fue contrario a su construcción porque para poder costearlo se puso un impuesto sobre la carne y el vino. En su construcción trabajaron unos mil quinientos hombres que trabajaban ininterrumpidamente día y noche, incluidos domingos.

SAN ISIDRO. Nació en Madrid hacia 1080, en el seno de una familia mozárabe. Fue bautizado Isidoro en recuerdo de San Isidoro de Sevilla. Sus oficios fueron dos: pocero, encontrando varios pozos en la Villa, y labrador. En el año 1110, cuando los árabes invadieron

Madrid de nuevo, se trasladó a Torrelaguna, donde conoció a María de la Cabeza, su mujer. El matrimonio se trasladó posteriormente a Caraquiz y Talamanca. Cuando regresaron a Madrid, Isidro empezó a trabajar como labrador para Iván de Vargas. Después del nacimiento de Illán, su único hijo, Isidro y María decidieron hacer voto de castidad, ofreciendo su matrimonio a Dios. Por este motivo, María e Illán se marcharon por un tiempo a Caraquiz. San Isidro murió el 30 de septiembre de 1172 y fue enterrado en el cementerio de la parroquia de San Andrés. Santa María de la Cabeza regresó de nuevo a Caraquiz, dedicando su vida al cuidado de la ermita de dicho lugar. San Illán, a la muerte de su padre, se quedó un tiempo en Madrid y luego se retiró a una ermita de la provincia de Toledo.

Virgen de la Almudena, La. En realidad, hay muchas teorías sobre el origen del nombre de esta virgen tan querida por los madrileños. Una dice que toma el nombre de la palabra árabe almudaina que significa ciudadela, refiriéndose a la ciudad que estaba rodeada por la muralla donde apareció. López de Hoyos deriva almudena de almut, que quiere decir ciudadela o medina. Y según él, puede derivar de dos caminos: del almud de trigo con que taparon la imagen para ocultarla y de la iglesia de Santa María que, en tiempos muy remotos, al parecer, fue templo de Serapis y que estaba representado por un almud. Otra explicación del origen del nombre la da Vera Tassis, quien descifra el nombre de la virgen de la siguiente manera: AL-alma (que significa virgen en hebreo), MU-mater o muller, DE-dei, NA-natus. Sea cual sea el origen del nombre, la virgen de la Almudena pasó automáticamente a ser la más querida por los madrileños convirtiéndose en la patrona de la Villa.

ÍNDICE GENERAL

A

B

C

CH

D

E

F

G

H

I

J

L

M

N

O

P

Q

R

S

T

U

V

W

Z

BIBLIOGRAFÍA

ALGABA ARAQUE, Julio. *Vademécum topográfico de Madrid.* 1947.

ALTABELLA, José. *Lhardy. Panorama histórico de un restaurante romántico. 1839-1978.* Segunda edición. 1985.

ÁLVAREZ Y BAENA, José Antonio. *Compendio histórico de las grandezas de la coronada Villa de Madrid, Corte de la Monarquía de España. 1786.* Ed. El Museo Universal. Edición facsímil. 1985.

ALVEAR CABRERA, Juan José y CABELLO CASTEJÓN, Rafael. *Así fueron... los más famosos bandoleros.* Ed. Nebrija. 1980.

AZORÍN, Francisco. *El Madrid devoto y romero.* Ed. Avapiés. 1984.

AZORÍN, Francisco. *Leyendas y anécdotas del viejo Madrid.* Ed. Avapiés. 1983.

BOQUERA SERRA, Juan. *Ronda romántica por el viejo Madrid.* Edición del autor.

BOTELLA ATIENZA, Javier. *La Puerta del Sol. Cuna de tecnologías urbanísticas. Los cuadernos de Cauce 2.000.* Núm. 8. Colegio Oficial de Ingenieros de Caminos, Canales y Puertos. 1986.

BRAVO MORATA, Federico. *Historia de Madrid.* Tomos I y II. Ed. Fenicia. 1966 y 1967.

BRAVO MORATA, Federico. *Las calles de Madrid.* Ed. Fenicia. 1970. Dos tomos.

BROWN, A. y ELLIOT, J.H. *Un Palacio para un rey.* Alianza Forma. Segunda edición. 1985.

CABEZAS, Juan Antonio. *Madrid: Escenarios y personajes.* Selección de crónicas «Madrid al día». Ed. prensa Española. 1968.

CARRASCO-MUÑOZ DE VERA, Carlos. *Guía de la Casa de Campo.* Delegación de Saneamiento y Medio Ambiente. Ayuntamiento. 1983.

CORRAL, José del. *El Madrid de los Austrias.* Ed. Avapiés. 1983.

CORRAL, José del. *El Madrid de los Borbones.* Ed. Avapiés. 1985.

DESVOIS, J.M. *La prensa en España (1900-1931).* Siglo Veintiuno de España Editores S.A. 1977.

DÍEZ, Alicia y LÓPEZ, Flora. *Historia de Chamartín de la Rosa.* Junta Municipal de Chamartín. Ayuntamiento. 1985.

ESTEBAN, José. *El Madrid liberal.* Ed. Avapiés. 1984.

FERNÁNDEZ DE LOS RÍOS, Ángel. *El futuro Madrid.* 1868. Ed. Asenet. S.A. 1975.

FERNÁNDEZ DE LOS RÍOS, Ángel. *Guía de Madrid.* 1876. Ed. Abaco. Edición facsímil. 1976.

FERRER GONZÁLEZ, José M. *Madrid paso a paso.* 1987.

FORD, Richard. *Manual para viajeros de Castilla: Madrid.* Ed. Turner. 1981.

GÓMEZ DE LA SERNA, Ramón. *Historia de la Puerta del Sol.* Méndez y Molina, editores. 1987.

GONZÁLEZ DORIA, Fernando. *Las reinas de España.* Ed. Cometa. 1985.

GUTIÉRREZ SOLANA, José. *El Madrid callejero.* Ed. Tristre. 1984.

HERMOSO DE MENDOZA, Antonio. *Monografía geográfico-histórica de Chamartín de la Rosa.* 1929. Fotocopia realizada por el Aula Cultural «La Almenara», bajo el título de «Nuestro Tetuán». 1979.

HERNÁNDEZ CASTANEDO, Francisco. *El Madrid tremebundo. Crímenes célebres. 1797-1958.* Ed. Avapiés. 1983.

HORMIGOS GARCÍA, Mariano. *Las Casas consistoriales.* Relaciones Institucionales y Comunicación. Ayuntamiento. 1982.

IMÁGENES DE MADRID. *Fondos fotográficos del museo Municipal.* Ayuntamiento. Concejalía de cultura. 1984.

JIMÉNEZ DE GREGORIO, Fernando. *Madrid y su comunidad. Territorio, historia, sociedad.* Ed. Avapiés. 1986.

LAFUENTE, Florentino L. *El Alumbrado en Madrid.* Ayuntamiento. 1986.

LÓPEZ BUSTOS, Carlos. *Tranvías de Madrid.* Ed. Aldaba. 1986.

LÓPEZ CASTELLÓN, Enrique. *Conoce tu comunidad.* Comunidad Autónoma de Madrid. 1984.

LÓPEZ, FLORA Y DÍEZ, Alicia. *Historia de Villaverde.* Junta Municipal de Villaverde. Ayuntamiento. 1986.

LÓPEZ, Flora, DÍEZ, Alicia y MAS, Celia. *Conozcamos Madrid.* Ayuntamiento. 1981.

Madrid ciudad viva. Artesanía. Ayuntamiento. 1983.

Madrid ciudad viva. Monumentos y museos. Ayuntamiento. 1984.

Madrid, ayer y hoy. Fondo documental del ministerio de Cultura. Archivo Ruiz Vernacci. 1984.

Madrid, información sobre la ciudad. Memoria. Ayuntamiento. 1929.

MESONERO ROMANOS, Ramón de. *El antiguo Madrid. 1861.* Ed. Agustín Criado. Edición facsímil, 1981.

MESONERO ROMANOS, Ramón de. *Memorias de un setentón.* 1880. Ed. Giner. 1985.

MINER OTAMENDI, José Manuel. *El Madrid de los años 50.* Ed. del autor. 1980.

MONLAU, Pedro Felipe. *Madrid en la mano.* 1850. Guillermo Blázquez ediciones. Edición facsímil, 1985.

MONTERO, Eugenia. *Conocer Madrid. El barrio de Palacio.* Ed. Everest. 1980.

MONTERO, Eugenia. *Los secretos del Palacio Real.* Ed. Avapiés. 1986.

MONTERO ALONSO, José. *Amores y amoríos en Madrid. De Felipe IV a Pastora Imperio.* Ed. Avapiés. 1984.

MONTERO VALLEJO, Manuel. *Madrid musulmán, cristiano y bajo medieval.* Ed. El Avapiés. 1990.

MONTÓN, Juan Carlos. *La revolución armada del dos de mayo en Madrid.* Ediciones Istmo. 1983.

MUÑOZ, Juan Manuel. *Madrid, guía informal.* Ed. del autor. 1984.

Museo Municipal. Folletos I y II. 1977.

PEÑASCO, Hilario y CAMBRONERO, Carlos. *Las calles de Madrid.* 1889. Ed. Herederos de Carlos Cambronero. Edición facsímil, 1984.

PÉREZ GIRBAL, Francisco. *Bandidos célebres españoles.* Ed. Liria. 1978.

PINEDA, Alberto, Marqués de Camposanto. Hace más de cuarenta años. 1956.

POL, Elena y SANTAMARIA, Carmen. *Conocer Chamberí.* Junta Municipal de Chamberí. 1985.

QUINTANA, Jerónimo de. *Grandezas de Madrid. A la muy antigua, noble y coronada Villa de Madrid. Historia de su antigüedad, nobleza y grandeza.* 1629. Ed. Abascal. Edición facsímil, 1980.

Realidades a lo claro. Diputación Provincial de Madrid. Ed. Popular. S.A. 1981.

RÉPIDE, Pedro de. *Las calles de Madrid.* Ed. Afrodisio Aguado. S.A. 5.ª edición. Mayo 1985.

RUIZ PALOMEQUE, Eulalia. *Ordenación y transformaciones urbanas del casco antiguo madrileño durante los siglos XIX y XX.* Instituto de Estudios Madrileños. 1976.

SAINZ DE ROBLES, Federico Carlos. *Breve historia de Madrid.* Ed. Espasa Calpe. Colección Austral. 1970.

SAINZ DE ROBLES, Federico Carlos. *Madrid, autor teatral y cuentista.* Ed. Cunillera. 1973.

SAIZ, M. Dolores. *Historia del periodismo en España.* Alianza Editorial. 1983.

SALVADOR CASTELLANOS, Basilio. Fichas. Sección de manuscritos de la Biblioteca Nacional. Publicadas en la revista Alfoz.

SÁNCHEZ TRASANCOS, Antonio. *Historia de la industria de Madrid.* Edición del autor. 1972.

SANZ GARCÍA, José María. *La Carrera de San Jerónimo. El cambio de sus funciones urbanas.* 1966. Anales del Instituto de Estudios Madrileños. Tomo XIX. 1982.

TIERNO GALVÁN, Enrique. *Bandos del Alcalde Presidente del Excelentísimo Ayuntamiento de Madrid.* 1979. Carpetilla publicada por el Ayuntamiento.

TOMÉ BONA, Javier M. *Paseos por el viejo Madrid.* Ed. Avapiés. 1985.

TORMO, Elías. *Las iglesias del antiguo Madrid.* Tercera edición. Madrid. Instituto de España. 1985.

TOVAR MARTÍN, Virginia. *Arquitectura madrileña del siglo XVII.* Instituto de Estudios Madrileños. 1983.

TUDELA, Mariano. *Aquellas tertulias de Madrid.* Ed. Avapiés. 1984.

VELASCO ZAZO, Antonio. *Culto de ayer y hoy.* Librería General de Victoriano Suárez. 1943.

VELASCO ZAZO, Antonio. *Tertulias literarias.* Librería General de Victoriano Suárez. 1952.
VILLARÍN, Juan. *El Madrid de Primo de Rivera.* Ed. Nova. 1979.
VILLARTA, Ángeles. *Rutas de España: Madrid.* Ministerio de Información y Turismo. 1966.
VV.AA. *Conocer España.* Ed. Salvat. Tomo X.
VV.AA. *Establecimientos tradicionales madrileños.* Cámara de Comercio e Industria de Madrid. Siete tomos. 1980-86.
VV.AA. *Guía de Madrid. Arquitectura y urbanismo.* Colegio Oficial de Arquitectos de Madrid. Dos tomos. 1980 y 1983.
VV.AA. *Historia de Vicálvaro.* Junta Municipal de Vicálvaro. Ayuntamiento. 1987.
VV.AA. *Madrid y los Borbones del siglo XVIII.* Consejería de Cultura de la Comunidad Autónoma de Madrid. 1984.
VV.AA. *Madrid.* Ed. Espasa Calpe. S.A. Cinco tomos. 1978-79.
VV.AA. *Vírgenes de Madrid.* Instituto de Estudios Madrileños. 1966.

PERIÓDICOS Y REVISTAS

ABC.
ABC. Suplemento monográfico sobre Madrid. 16 de marzo de 1984.
Ahora. Diario Gráfico. 1931.
Alfoz. Madrid. Territorio, economía y sociedad. Comunidad Autónoma de Madrid.
Demadrid. La revista para vivir Madrid.
Diario 16.

Diario de la Ciudad Lineal. Número conmemorativo. Mayo 1987.
Eco de Chamartín, El. 1929.
Gran Madrid. Boletín de la Comisaría General para la ordenación urbana de Madrid y sus alrededores. 1948.
Hoja del lunes.
Ilustración de Madrid, La. 1871.
Informaciones.
Madrid. Diario de la noche.
Mundo, El.
País, El.
Panorama de Madrid.
Panoramas. Carabanchel Bajo. 1930.
Trinchera, La. Pozuelo de Alarcón. 1925.
Sol, El.
Villa de Madrid. Periódico municipal quincenal.
Villa de Madrid. Revista mensual del Ayuntamiento.
Vivir en Madrid. Revista mensual.
Voz de Chamberí, La. 1924.
Voz de Vallecas, La. 1898.
YA.
Ya. Número extraordinario. Cincuentenario. 1985.

PLANOS Y GUÍAS CONSULTADOS

Guía de Madrid. Callejero municipal del término de Madrid. Ayuntamiento. 1982.
Guía urbana de Madrid. José Pamias Ruiz. 1987-88.
Plano de Madrid. 1986.
Superguía de Madrid. Ediciones Universidad y Cultura. 1986.